DETOXIFICATIE
Giftige Werkplek

Loskomen van Toxiciteit en Je Welzijn op de Werkvloer Terugwinnen

Mercedes E.O. Monden

Giftige Werkplek

© 2024 door Mercedes E.O. Monden.

Alle rechten voorbehouden.

Dit boek, Detoxificatie: Giftige Werkplek, en al zijn inhoud zijn beschermd door auteursrecht. Geen enkel deel van deze publicatie mag worden gereproduceerd, gedistribueerd of verzonden in welke vorm of op welke manier dan ook, inclusief fotokopieën, opnamen, of andere elektronische of mechanische methoden, zonder voorafgaande schriftelijke toestemming van de auteur, behalve in het geval van korte citaten opgenomen in kritische recensies en bepaalde andere niet-commerciële toepassingen zoals toegestaan door de auteursrechtwetgeving.

Voor toestemming verzoeken, neem contact op met de auteur via: [Publishing@mercedesmonden.world].

Ongeoorloofde reproductie, gebruik of distributie van dit boek, of enig deel ervan, kan leiden tot juridische stappen, inclusief maar niet beperkt tot, claims voor schadevergoeding, gerechtelijke bevelen en wettelijke boetes zoals toegestaan onder de toepasselijke auteursrechtwetgeving.

Dedicatie

Dit boek is opgedragen aan iedereen die zich ooit gevangen, ondergewaardeerd of over het hoofd gezien heeft gevoeld in een giftige werkomgeving. Aan degenen die de emotionele en mentale tol van toxiciteit hebben doorstaan, maar er toch bovenuit blijven stijgen—dit is voor jou. Moge dit boek een baken van hoop, kracht en empowerment zijn op je reis om je welzijn en doel opnieuw te vinden.

Aan mijn familie, vrienden en mijn bediening, dank jullie wel voor jullie onwrikbare steun, liefde en geloof in mijn missie om anderen te helpen. Jullie inspireren me elke dag om door te gaan met mijn werk. Een speciaal woord van dank aan mijn jongste dochter, Jaylinn Grace Monden—bedankt dat je me uitdaagt en aanspoort om te blijven schrijven!

En boven alles, aan God, wiens wijsheid, leiding en genade mijn fundament en bron van kracht zijn geweest gedurende deze reis. Moge dit boek dienen als een instrument van Zijn genezing en transformatie in het leven van iedereen die het leest.

Voorwoord

Tijdens mijn reis als leider, pastor en pleitbezorger voor persoonlijke en spirituele groei, heb ik het voorrecht gehad om met mensen uit alle lagen van de bevolking te werken—veel van hen deelden verhalen over hun worstelingen in giftige werkomgevingen. De verhalen komen vaak overeen: gevoelens van isolatie, uitputting, frustratie en onzekerheid. Mensen bevinden zich in situaties waarin hun waarde wordt verminderd, hun bijdragen worden genegeerd en hun gevoel van doel verloren gaat. Deze verhalen, samen met mijn eigen ervaringen, zijn wat mij inspireerde om dit boek te schrijven, Detoxificatie: Giftige Werkplek.

Giftige werkplekken zijn een stille epidemie, en de gevolgen ervan reiken ver buiten de grenzen van het kantoor. De emotionele en psychologische tol die een giftige werkomgeving kan eisen, is diepgaand. Het beïnvloedt niet alleen iemands professionele leven, maar ook hun persoonlijke welzijn, relaties en zelfs hun geloof. In de loop der tijd heb ik gezien hoe schadelijk dergelijke omgevingen kunnen zijn, wat leidt tot burn-out, verloren potentieel en, nog erger, verlies van eigenwaarde.

In mijn rol als oprichter van Breath of Holies Worldwide Outreach Ministries en leider van verschillende empowerment-bewegingen, heb ik altijd geloofd in de kracht van transformatie. Of het nu via geloof, persoonlijke groei of professionele ontwikkeling is, we bezitten allemaal het vermogen om onze omstandigheden te veranderen en de vrede en vreugde terug te winnen die we verdienen. Dit geloof staat centraal in dit boek.

Detoxificatie: Giftige Werkplek is bedoeld als meer dan alleen een gids voor het overleven van giftige omgevingen—het is een bron voor genezing, empowerment en groei. In deze pagina's vind je strategieën voor het herkennen en aanpakken van toxiciteit, praktische stappen om je mentale gezondheid te beschermen en hulpmiddelen om je professionele leven opnieuw op te bouwen na het verlaten van een negatieve omgeving. Of je nu te maken hebt met moeilijke managers, giftige collega's of systemische discriminatie, dit boek biedt een routekaart om die uitdagingen met kracht en helderheid het hoofd te bieden.

Het is mijn hoop dat dit boek je zal helpen om los te komen van toxiciteit en je te laten stappen in een gezonder en bevredigender professioneel leven. Je bent niet alleen in je worstelingen, en er zijn oplossingen. Door zelfbewustzijn, reflectie en de inzet om verandering te creëren, kun je jouw werkomgeving detoxificeren en vreugde, doel en vrede vinden in je carrière.

Terwijl je de volgende hoofdstukken leest, moedig ik je aan om moed te houden. Verandering is mogelijk, en met de juiste mindset en tools kun je een positieve werkomgeving creëren die je geest voedt, in lijn is met je waarden en je persoonlijke en professionele groei ondersteunt. Dankjewel dat ik deel mag uitmaken van jouw reis. Het is tijd om de werkplek terug te claimen die je verdient.

— Mercedes E.O. Monden

Woord van Dank.

---·•—●—•·---

Allereerst wil ik mijn diepste dank uitspreken aan God, wiens genade, wijsheid en onwankelbare liefde mij gedurende deze reis hebben geleid. Dit boek zou niet bestaan zonder Zijn kracht en voortdurende aanwezigheid in mijn leven. Ik bid dat Zijn genezende aanraking elke lezer door deze pagina's bereikt.

Aan mijn familie, dank jullie voor jullie eindeloze liefde, geduld en steun. Jullie geloof in mij is het anker geweest dat me door elke uitdaging en overwinning heen heeft geholpen. Jaylinn Grace Monden, mijn jongste dochter, je inspireert me op manieren die je misschien nooit volledig zult beseffen. Jouw aanmoediging, nieuwsgierigheid en aandringen dat ik blijf schrijven, zijn een van de grootste motivaties geweest om dit boek te voltooien.

Aan mijn vrienden en mijn bediening, jullie steun is van onschatbare waarde geweest. Dank jullie wel voor het geloven in mijn visie, voor het optillen van mij wanneer de reis overweldigend aanvoelde, en voor het zijn van een constante bron van kracht en vreugde. Breath of Holies Worldwide Outreach Ministries en Royal Crown Church, jullie geloof en vertrouwen in mijn missie hebben me geïnspireerd om met doelgerichtheid en passie door te blijven gaan.

Een oprechte dank aan de leiders, mentoren en collega's die mijn professionele reis hebben gevormd en inzichten hebben gegeven die dit boek hebben beïnvloed. Jullie wijsheid en begeleiding hebben me geholpen de dynamiek van de werkplek beter te begrijpen, en ik ben jullie oprecht dankbaar.

Tenslotte, aan elke lezer die dit boek oppakt, dankjewel dat ik deel mag uitmaken van jouw reis. Ik heb dit boek geschreven in de hoop dat het je de nodige tools, kracht en aanmoediging zal bieden om je weg te vinden en te genezen van giftige omgevingen. Jullie zijn de reden voor dit werk, en het is mijn eer om naast jullie te staan in de zoektocht naar empowerment, genezing en transformatie.

Inhoudsopgave

— ·• — • — •· —

Inleiding 1
   De Dringendheid van Werkplek Detoxificatie

Hoofdstuk 1 4
   Inzicht in Giftige Werkomgevingen

Hoofdstuk 2 7
   De Giftige Manager: De Rol van Leiderschap in Werkcultuur 7

Hoofdstuk 3 12
   Giftige Collega's Herkennen

Hoofdstuk 4 17
   Draag Jij Bij aan Werkplek Toxiciteit?

Hoofdstuk 5 25
   Mentale Gezondheid in een Giftige Werkomgeving

Hoofdstuk 6 32
   Loskomen van Toxiciteit

Hoofdstuk 7 40
   Wettelijke Rechten en Werkplek Bescherming (EU en COA Wetgeving) 40

Hoofdstuk 8 48

Het Herkennen en Aanpakken van Discriminatie

Hoofdstuk 9 56

Racisme Bestrijden op de Werkplek

Hoofdstuk 10 63

Voor- en Nadelen van het Openbaar Maken van Toxiciteit

Hoofdstuk 11 71

Herstellen na de Toxiciteit

Hoofdstuk 12 78

Toxiciteit Voorkomen in de Toekomst

Conclusie 86

De Weg naar een Gezond Werkleven

Bonus Read 90

Dagelijkse Affirmaties voor Werkplek Genezing, Kracht, en Herstel van Persoonlijke & Professionele Identiteit

Over Dit Boek 92

Detoxificatie: Giftige Werkomgeving 92

Appendix 94

Eindnoten 98

Over de Auteur 102

INLEIDING

De Dringendheid van Werkplek Detoxificatie

───── ·•─●─•· ─────

Het Belang van Mentaal Welzijn op de Werkplek

In de hedendaagse, snelle en competitieve werkomgevingen wordt van werknemers vaak verwacht dat ze hoge productiviteitsniveaus, lange werkdagen en hun persoonlijke welzijn in balans houden. Mentale gezondheid wordt echter vaak naar de achtergrond geschoven in de zoektocht naar succes en efficiëntie. Toch is mentaal welzijn de basis voor niet alleen persoonlijke voldoening, maar ook voor professionele prestaties. Werknemers die mentaal gezond zijn, zijn productiever, creatiever en meer betrokken.

Dit gedeelte zal onderzoeken hoe de stress en druk van werken in een giftige omgeving iemands mentale gezondheid kan ondermijnen. Chronische blootstelling aan negativiteit, ongezonde werkdynamiek en slecht leiderschap kan leiden tot angst, depressie, burn-out en zelfs fysieke gezondheidsproblemen. Het is van essentieel belang te erkennen dat het beschermen van mentale gezondheid net zo belangrijk is als het waarborgen van fysieke gezondheid op de werkplek. Wanneer iemands mentale gezondheid lijdt, beïnvloedt dit elk aspect van hun leven, inclusief hun vermogen om zinvol bij te dragen op het werk.

Mercedes E.O. Monden

Waarom Werkplek Toxiciteit Nu Moet Worden Aangepakt.

Giftige werkomgevingen zijn niet alleen schadelijk voor individuele werknemers, ze zijn ook schadelijk voor hele organisaties. Onderzoek toont consequent aan dat toxiciteit op de werkplek leidt tot lagere productiviteit, hogere afwezigheid en een groter personeelsverloop. Toxiciteit ondermijnt het vertrouwen en de samenwerking die nodig zijn voor teamresultaten en innovatie, wat van cruciaal belang is in de voortdurend veranderende wereldeconomie van vandaag.

Nu steeds meer mensen zich bewust worden van hun rechten en het belang van mentaal welzijn, groeit de vraag naar werkplekken die positieve, gezonde omgevingen bevorderen. Bovendien evolueren juridische kaders om organisaties verantwoordelijk te houden voor giftig gedrag zoals pesten, intimidatie en discriminatie. Meer dan ooit is het aanpakken van toxiciteit niet alleen een morele verplichting, maar ook een strategische noodzaak voor bedrijven die talent willen aantrekken en behouden. Dit boek dient als een gids om zowel werknemers als organisaties te helpen proactieve stappen te ondernemen om toxiciteit te identificeren en te elimineren voordat het blijvende schade veroorzaakt.

Doel en Structuur van Dit Boek

Dit boek is ontworpen als een praktische bron voor iedereen die worstelt met of meer wil begrijpen van giftige werkomgevingen. Of je nu te maken hebt met een giftige manager, moeilijke collega's of systemische problemen zoals discriminatie en racisme, deze gids zal je uitrusten met de tools en kennis om werkplektoxiciteit te herkennen, aan te pakken en ervan los te komen. Het zal je ook helpen je eigen gedrag te evalueren om ervoor te zorgen dat je niet onbedoeld bijdraagt aan toxiciteit.

Het boek is gestructureerd in 12 hoofdstukken, die elk verschillende facetten van toxiciteit op de werkplek behandelen. Het begint met het definiëren van

Detoxification: Toxic Work Atmosphere

wat een giftige werkomgeving is en hoe je giftige managers en collega's kunt herkennen. Van daaruit gaat het verder met uitvoerbare strategieën om je mentale gezondheid te beschermen, juridische begeleiding over je rechten volgens EU- en COA-wetgeving, en specifiek advies voor het omgaan met discriminatie en racisme op de werkvloer. Tot slot biedt het inzichten in het herbouwen van je carrière en emotioneel welzijn na het ontsnappen aan een giftige omgeving, evenals advies over het voorkomen van toxiciteit op de werkplek.

Aan het einde van dit boek zul je een duidelijk begrip hebben van de beschikbare tools om je te helpen omgaan met toxiciteit op de werkplek. Je zult de kracht hebben om weloverwogen beslissingen te nemen die je mentale gezondheid en professionele integriteit prioriteit geven, terwijl je ook erkent hoe je kunt bijdragen aan een gezondere werkomgeving. Dit boek is jouw detoxificatiegids, waarmee je de kracht krijgt om je werkleven terug te winnen en je toekomst te beschermen.

HOOFDSTUK 1

Inzicht in Giftige Werkomgevingen

―――――・●―●―●・―――――

Wat Kenmerkt een Giftige Werkomgeving?

Een giftige werkomgeving is meer dan alleen een stressvolle werkplek of een veeleisende baas—het is een doordringende cultuur van negativiteit die iedereen binnen de organisatie beïnvloedt. Toxiciteit op de werkplek kan zich op vele manieren manifesteren, van openlijke vijandigheid en pesten tot subtielere vormen van manipulatie en uitsluiting. Wat een werkplek echt giftig maakt, is de constante aanwezigheid van schadelijk gedrag, attitudes en praktijken die het welzijn van werknemers en de gezondheid van de organisatie ondermijnen.

In een giftige werkomgeving ervaren werknemers vaak aanhoudende stress, angst of onzekerheid. Er is vaak een gebrek aan steun van de leiding, slechte communicatie en een afwezigheid van vertrouwen tussen collega's. Giftige omgevingen creëren onzekerheid, een laag moraal en frustratie, waarbij werknemers zich ondergewaardeerd, respectloos behandeld of overwerkt voelen. Dit hoofdstuk definieert de belangrijkste kenmerken van een giftige werkomgeving en onderscheidt deze van werkplekken die uitdagend, maar niet per se schadelijk zijn. Het begrijpen van deze verschillen is cruciaal om toxiciteit op de werkplek te diagnosticeren en de juiste actie te bepalen.

De Tekenen Herkennen: Subtiel en Duidelijk

Giftige werkomgevingen openbaren zich niet altijd onmiddellijk. Sommige vormen van toxiciteit zijn overduidelijk, zoals open conflicten, intimidatie of publieke vernedering. In deze gevallen is de schade aan het moraal en de productiviteit van werknemers duidelijk zichtbaar, en zijn de giftige dynamieken vaak bekend, zelfs als het management ze negeert.

Toxiciteit kan echter ook subtielere vormen aannemen. Deze zijn vaak moeilijker te detecteren, maar zijn even schadelijk. Signalen kunnen zijn:

1. Passief-agressief gedrag van collega's of leidinggevenden.
2. Onduidelijke verwachtingen of voortdurend veranderende doelen, wat leidt tot verwarring en frustratie.
3. Een cultuur waarin werknemers tegen elkaar worden uitgespeeld of aangemoedigd om op ongezonde manieren te concurreren.
4. Excessieve micromanagement, waardoor werknemers autonomie en vertrouwen verliezen.
5. Non-inclusieve praktijken waarbij bepaalde werknemers consequent worden buitengesloten van besluitvorming of groeikansen.

Deze subtiele tekenen creëren een onderstroom van negativiteit en kunnen op de lange termijn leiden tot hoge niveaus van stress, disengagement en burn-out. In dit deel leer je hoe je zowel de duidelijke als de verborgen indicatoren van werkplektoxiciteit kunt herkennen, zodat je actie kunt ondernemen voordat de schade onherstelbaar wordt.

De Impact van Werkplek Toxiciteit op Werknemers en Organisaties.

Giftige werkomgevingen hebben verstrekkende gevolgen, die niet alleen de emotionele en mentale gezondheid van werknemers beïnvloeden, maar ook het algehele succes van de organisatie. Voor werknemers kan constante blootstelling aan giftig gedrag leiden tot:

1. Burn-out, gekenmerkt door emotionele uitputting, cynisme en verminderde werkprestaties.
2. Angst en depressie, vaak voortkomend uit een gevoel van hulpeloosheid, gebrek aan controle of angst voor baanonzekerheid.
3. Fysieke gezondheidsproblemen, zoals stress gerelateerde aandoeningen, hoofdpijn en slaapstoornissen.
4. Verlies van zelfvertrouwen en eigenwaarde, vooral als de toxiciteit de vorm aanneemt van pesten, gaslighting of oneerlijke kritiek.

Op organisatorisch niveau ondermijnt toxiciteit de basis van het bedrijf, wat leidt tot verschillende uitdagingen:

1. Hoger personeelsverloop: Werknemers in giftige omgevingen vertrekken veel sneller, wat resulteert in hoge kosten voor personeelsverloop en een verlies aan institutionele kennis.
2. Verminderde productiviteit: Giftige werkculturen maken het moeilijk voor werknemers om gemotiveerd of gefocust te blijven, wat directe invloed heeft op de output en winstgevendheid.
3. Beschadigde reputatie: Bedrijven die bekend staan om toxiciteit hebben moeite om toptalent aan te trekken, wat hun concurrentievermogen in hun sector schaadt.
4. Stagnatie in innovatie en creativiteit: Een cultuur van angst onderdrukt open communicatie, probleemoplossing en samenwerking, waardoor het groeipotentieel van de organisatie beperkt wordt.

Dit hoofdstuk gaat dieper in op specifieke voorbeelden van hoe werkplektoxiciteit zich manifesteert en hoe de gevolgen daarvan doorwerken in de organisatie. Ook wordt belicht waarom vroege interventie en preventie cruciaal zijn om zowel het welzijn van werknemers als de algehele gezondheid van het bedrijf te behouden. Door deze gevolgen te begrijpen, kunnen zowel werknemers als leiders beginnen met het nemen van zinvolle stappen om hun werkomgeving te detoxificeren en een positievere cultuur te bevorderen.

HOOFDSTUK 2

De Giftige Manager: De Rol van Leiderschap in Werkcultuur

Kenmerken van een Giftige Manager.

Het gedrag en de leiderschapsstijl van een manager kunnen ofwel een bloeiende, positieve werkcultuur creëren, of leiden tot een giftige omgeving die werknemers demoraliseert. Giftige managers vertonen specifieke eigenschappen die vertrouwen, communicatie en productiviteit ondermijnen. Enkele van de meest voorkomende kenmerken van een giftige manager zijn:

a. **Micromanagement:** Constant toezicht houden op werknemers, elk klein detail controleren en het personeel niet vertrouwen om taken zonder nauwlettend toezicht uit te voeren. Dit ondermijnt de autonomie en het zelfvertrouwen van werknemers.
b. **Manipulatief gedrag:** Werknemers tegen elkaar uitspelen, belangrijke informatie achterhouden of beloften doen zonder de intentie ze na te komen, om zo controle over teamleden te behouden.

c. **Gebrek aan empathie:** Een giftige manager heeft doorgaans weinig oog voor het emotionele welzijn van werknemers en toont ongevoeligheid voor hun persoonlijke of professionele uitdagingen.
d. **Schuld afschuiven:** In plaats van verantwoordelijkheid te nemen voor hun eigen fouten of beslissingen, geven giftige managers hun team de schuld van mislukkingen, zelfs wanneer de schuld ligt bij hun leiderschap.
e. **Favoritisme:** Bepaalde werknemers beter behandelen dan anderen, meer kansen of soepelere regels geven aan een selecte groep, wat wrok en verdeeldheid binnen het team kan veroorzaken.
f. **Onrealistische verwachtingen:** Werknemers overladen met buitensporig werk zonder rekening te houden met hun capaciteit of persoonlijke tijd, waardoor ze worden voorbereid op burn-out en frustratie.

Dit soort gedrag veroorzaakt niet alleen onmiddellijke stress voor werknemers, maar verstoort ook de teamcohesie en het lange termijn succes van de organisatie. In dit deel leer je deze kenmerken te herkennen in je eigen werkomgeving en begrijp je de impact die ze kunnen hebben op de werkcultuur.

Hoe Giftig Leiderschap een Negatieve Werkcultuur Bevordert

Giftig leiderschap heeft een domino-effect dat de hele werkplek besmet. Managers zijn niet alleen verantwoordelijk voor het delegeren van taken—ze zetten de toon voor communicatie, samenwerking en de algemene werkcultuur. Het gedrag van een giftige manager kan leiden tot:

a. **Communicatiebreuk:** Werknemers kunnen bang worden om ideeën of zorgen te uiten, omdat ze constant worden bekritiseerd of omdat ze zich ongehoord voelen. Dit creëert een communicatiebarrière die innovatie en samenwerking belemmert.

b. **Angstcultuur:** Wanneer managers intimidatie, dreigementen of passief-agressieve tactieken gebruiken om hun team te controleren, werken werknemers in een staat van angst. Deze angst weerhoudt hen ervan risico's te nemen, zich uit te spreken of problemen aan te pakken, wat kan leiden tot stagnatie en een laag moraal.
c. **Lage betrokkenheid van werknemers:** Giftig leiderschap zorgt ervoor dat werknemers zich ondergewaardeerd en ongeapprecieerd voelen. Na verloop van tijd verliezen ze de motivatie om meer te doen dan nodig is, wat resulteert in verminderde productiviteit en betrokkenheid.
d. **Hoog personeelsverloop:** Werknemers die zich onderdrukt of gedemoraliseerd voelen onder giftig leiderschap, zoeken sneller elders een baan, wat resulteert in hogere kosten voor personeelsverloop en werving voor de organisatie.

In tegenstelling daarmee bevordert ondersteunend en effectief leiderschap open communicatie, vertrouwen en wederzijds respect, wat leidt tot hogere betrokkenheid, retentie en algehele prestaties. Giftige managers vergiftigen niet alleen individuele relaties, maar schaden ook de organisatiecultuur op manieren die moeilijk te herstellen zijn.

Casestudy's van Giftig versus Ondersteunend Management

Dit gedeelte verkent praktijkvoorbeelden die de grote verschillen illustreren tussen giftig en ondersteunend management. Deze voorbeelden geven inzicht in hoe het gedrag van managers invloed heeft op de bredere werkcultuur:

- Casestudy 1: De Micromanager

Een manager bij een techbedrijf stond erop om elk detail van de projecten van hun team te controleren en weigerde zelfs kleine taken te delegeren. Het resultaat was burn-out binnen het team, waarbij werknemers zich verstikt en losgekoppeld voelden. Er volgde een hoog personeelsverloop, waarbij de organisatie uiteindelijk waardevol talent en productiviteit verloor.

- Casestudy 2: De Ondersteunende Manager

Bij een startup in de gezondheidszorg gaf een manager prioriteit aan het welzijn van werknemers door flexibele werktijden aan te bieden en open communicatie aan te moedigen. Deze manager nam de tijd om de sterke punten van individuele teamleden te begrijpen en vertrouwde hen erop dat ze hun werk zelfstandig konden uitvoeren. Het team bloeide op, overtrof consequent hun doelen, en het personeelsverloop was laag.

- Casestudy 3: De Schuldverschuiver

Bij een retailbedrijf gaf de giftige manager vaak zijn team de schuld wanneer dingen misgingen en nam alleen de eer wanneer er successen werden behaald. Dit leidde tot een angstcultuur waarin werknemers terughoudend waren om te experimenteren of ideeën aan te dragen, wat groei en creativiteit belemmerde. Uiteindelijk namen verschillende belangrijke teamleden ontslag uit frustratie over het gebrek aan verantwoordelijkheid en steun.

Door deze casestudy's zien lezers de reële impact van giftig leiderschap en de positieve verandering die ondersteunend management kan brengen in de werkcultuur.

Hoe Om Te Gaan met een Giftige Manager

Omgaan met een giftige manager kan overweldigend aanvoelen, vooral wanneer hun gedrag je dagelijkse welzijn direct beïnvloedt. Er zijn echter strategieën die je kunt gebruiken om jezelf te beschermen en met deze uitdagende situatie om te gaan:

Detoxification: Toxic Work Atmosphere

1. **Documenteer alles:** Houd een gedetailleerd verslag bij van giftig gedrag, zoals onredelijke eisen, ongepaste opmerkingen of gevallen van favoritisme of manipulatie. Deze documentatie zal van cruciaal belang zijn als je de kwestie moet escaleren naar hoger management of HR.

2. **Stel grenzen:** Hoewel het moeilijk kan zijn om tegen een giftige manager in te gaan, kan het stellen van duidelijke grenzen met betrekking tot je werklast, persoonlijke tijd of communicatieverwachtingen helpen je mentale gezondheid te beschermen. Wees professioneel maar standvastig bij het communiceren van deze grenzen.

3. **Zoek ondersteuning:** Bouw een ondersteuningsnetwerk op van vertrouwde collega's, mentoren of zelfs HR-vertegenwoordigers die advies en steun kunnen bieden bij het omgaan met je manager. In sommige gevallen kan het praten met HR de juiste volgende stap zijn, vooral als het gedrag van de manager de bedrijfsregels schendt.

4. **Gebruik conflictbeheersingstechnieken:** Probeer niet-confronterende benaderingen te gebruiken om problemen met je giftige manager op te lossen. Dit kan inhouden dat je actief luistert, gebruik maakt van "ik"-uitspraken in plaats van beschuldigende taal, en kalm blijft tijdens conflicten. Deze strategieën kunnen helpen de spanning te verminderen en professionaliteit te behouden.

5. **Ken je rechten:** Begrijp je wettelijke bescherming onder EU- en COA-wetgeving met betrekking tot pesten, intimidatie en oneerlijke behandeling op de werkplek. Als het gedrag van je manager je wettelijke rechten schendt, moet je mogelijk juridische stappen ondernemen om ervoor te zorgen dat je wordt beschermd.

6. **Beslis wanneer je weg moet gaan:** Soms is de beste oplossing voor een giftige manager om de omgeving helemaal te verlaten. Als je hebt geprobeerd de situatie intern aan te pakken en er geen verbetering is, kan het tijd zijn om je welzijn te prioriteren door elders werk te zoeken.

HOOFDSTUK 3

Giftige Collega's Herkennen

Wat Maakt een Collega Giftig?

Giftige collega's kunnen net zo schadelijk zijn voor het welzijn op de werkvloer als giftige managers, vaak omdat hun gedrag subtiel kan zijn en moeilijk direct aan te pakken is. Een giftige collega is niet simpelweg iemand met een lastig karakter—ze verstoren actief het werk, ondermijnen vertrouwen en dragen bij aan een negatieve omgeving die iedereen om hen heen beïnvloedt. Veelvoorkomende eigenschappen van giftige collega's zijn:

a. **Chronische negativiteit:** Voortdurend klagen over het werk, de organisatie of andere collega's zonder oplossingen aan te dragen. Hun pessimisme kan het moraal verlagen en de energie uit het team zuigen.

b. **Roddelen en achterbaks gedrag:** Verspreiden van geruchten, negatief praten over anderen achter hun rug om en verdeeldheid zaaien binnen het team. Dit gedrag bevordert wantrouwen en creëert een vijandige werksfeer.

c. **Manipulatief of egoïstisch gedrag:** Deze collega's stellen hun eigen belangen voorop ten koste van anderen. Ze nemen bijvoorbeeld de eer voor werk dat ze niet hebben gedaan, ondermijnen anderen om zichzelf op te werken, of gebruiken manipulatie om vooruit te komen.
   d. **Passief-agressiviteit:** Giftige collega's vermijden vaak directe confrontaties, maar uiten hun vijandigheid via subtiel, ondermijnend gedrag. Dit kan variëren van snauwende opmerkingen, het opzettelijk achterhouden van belangrijke informatie, tot valse complimenten.
   e. **Gebrek aan verantwoordelijkheid:** Giftige collega's schuiven verantwoordelijkheid voor hun acties af, geven anderen de schuld wanneer dingen misgaan en erkennen nooit hun eigen fouten. Dit creëert frustratie en chaos binnen teams, omdat anderen de problemen moeten oplossen.

Het vroegtijdig herkennen van dit soort gedrag is essentieel om jezelf te beschermen tegen hun negatieve impact. Giftige collega's kunnen een sneeuwbaleffect hebben op de teamcohesie, het moraal en zelfs de productiviteit. In dit deel leer je de waarschuwingssignalen van giftig gedrag bij collega's te identificeren en begrijp je de bredere implicaties voor je werkomgeving.

Het Verschil Tussen een Moeilijke en een Giftige Collega.

Niet elke moeilijke collega is giftig, en het is belangrijk om het onderscheid te maken tussen de twee. Een moeilijke collega kan lastig zijn om mee samen te werken door verschillen in communicatiestijlen, werkgewoonten of persoonlijke conflicten, maar is niet per se destructief. Een moeilijke collega kan bijvoorbeeld overdreven kritisch, ongeorganiseerd of humeurig zijn, maar zij ondermijnen niet bewust anderen of saboteren de werkomgeving.

Het belangrijkste verschil ligt in intentie en impact:

a. Moeilijke collega's kunnen uitdagingen bieden, maar zijn nog steeds in staat tot samenwerking en groei. Ze streven er niet actief naar anderen te schaden of de dynamiek binnen het team te ondermijnen.
b. Giftige collega's daarentegen, beschadigen opzettelijk of roekeloos relaties, manipuleren situaties in hun voordeel en creëren een werkomgeving die schadelijk is voor anderen.

Dit onderscheid begrijpen kan je helpen om te bepalen welke aanpak het beste is om problematisch gedrag aan te pakken. Omgaan met een moeilijke collega vereist vaak verbeterde communicatie en conflictoplossing, terwijl een giftige collega sterkere grenzen en meer formele interventies kan vereisen.

In dit deel bespreken we hoe je de subtiele verschillen kunt herkennen tussen een collega die gewoon moeilijk is en een collega die echt giftig is. Het identificeren van de juiste categorie helpt je om de situatie effectief aan te pakken.

Strategieën voor het Omgaan met Giftige Collega's

Zodra je een giftige collega hebt geïdentificeerd, is de volgende stap het ontwikkelen van strategieën om jezelf te beschermen en je interacties met hen zo te beheren dat stress en conflicten worden geminimaliseerd. Hieronder staan belangrijke strategieën om met giftige collega's om te gaan:

1. **Stel grenzen:** Giftige collega's overschrijden vaak persoonlijke en professionele grenzen. Wees duidelijk en standvastig over welk gedrag je wel en niet tolereert. Bijvoorbeeld, als een giftige collega je vaak extra taken geeft, kun je beleefd maar standvastig zeggen: "Ik zit vol met mijn huidige werklast en kan dat er niet bij nemen."
2. **Niet ingaan op negativiteit:** Giftige collega's gedijen op drama, roddels en negativiteit. Als ze proberen je in deze gedragingen te betrekken, ga er dan niet op in. Verontschuldig jezelf beleefd uit

Detoxification: Toxic Work Atmosphere

gesprekken die afglijden naar schadelijke roddels of destructief klagen. Houd je focus op je werk en de positieve aspecten van de omgeving.

3. **Beperk interacties waar mogelijk:** Als je de mogelijkheid hebt, probeer dan onnodige interacties met de giftige collega te minimaliseren. Dit kan betekenen dat je niet-werkgerelateerde gesprekken beperkt of verzoekt om aan aparte projecten te werken, waar haalbaar.

4. **Gebruik assertieve communicatie:** Wanneer je giftig gedrag aanpakt, gebruik dan assertieve, duidelijke communicatie. Vermijd passieve of agressieve tonen en wees direct over je verwachtingen en hoe hun acties je beïnvloeden. Bijvoorbeeld: "Wanneer je me uitsluit van belangrijke vergaderingen, beïnvloedt dat mijn vermogen om mijn werk effectief te doen."

5. **Documenteer problematisch gedrag:** Houd een schriftelijk verslag bij van ongepast of schadelijk gedrag. Als het gedrag van de giftige collega escaleert of beledigend wordt, is deze documentatie van cruciaal belang bij het rapporteren aan HR of het management. Vermeld specifieke details over incidenten, data en eventuele getuigen.

6. **Focus op je eigen professionaliteit:** Giftige collega's kunnen het slechtste in ons naar boven halen als we dat toelaten. Doe bewust je best om je professionaliteit te behouden, zelfs wanneer de giftige collega je probeert uit te lokken. Blijf gefocust op je werk en laat hun gedrag je prestaties of houding niet beïnvloeden.

7. **Zoek steun bij leidinggevenden of HR:** Als het gedrag van een giftige collega consequent storend en onhanteerbaar is, kan het nodig zijn de kwestie te escaleren naar een manager of HR. Gebruik de documentatie die je hebt verzameld om je zaak voor te leggen. Zorg ervoor dat je klacht draait om de impact van het gedrag op het team en de werkomgeving, in plaats van een persoonlijke klacht.

8. **Ontwikkel veerkracht:** Omgaan met giftige collega's kan emotioneel uitputtend zijn, maar het opbouwen van veerkracht kan je helpen om effectiever met stress om te gaan. Focus op zelfzorg, emotioneel welzijn en het vinden van balans buiten het werk om burn-out door de negativiteit te voorkomen.

In dit deel leer je hoe je deze strategieën kunt implementeren in je specifieke werkomgeving, van het beheren van dagelijkse interacties met giftige collega's tot het bepalen wanneer en hoe kwesties te escaleren naar leidinggevenden of HR. Het doel is om je de tools te geven om je eigen mentale gezondheid en professionele integriteit te beschermen terwijl je een uitdagende werkomgeving navigeert.

Dit hoofdstuk zal je ook een dieper inzicht geven in wat een collega giftig maakt, hoe je onderscheid kunt maken tussen een moeilijke collega en een echt schadelijke collega, en praktische strategieën bieden om de negatieve impact van giftige collega's op je werkplek te beheersen of te verminderen.

HOOFDSTUK 4

Draag Jij Bij aan Werkplek Toxiciteit?

Zelfreflectie:

Hoe Je Misschien Giftig Bent Zonder Het Te Weten

Het is gemakkelijk om giftig gedrag bij anderen te herkennen, maar het is veel moeilijker om te erkennen dat we zelf bijdragen aan toxiciteit op de werkplek. Vaak vertonen mensen giftig gedrag zonder het te beseffen, door stress, gebrek aan bewustzijn of ingesleten gewoonten uit eerdere omgevingen. Zelfreflectie is een cruciale eerste stap om te begrijpen hoe je acties, houding of communicatiestijl een negatieve invloed kunnen hebben op de mensen om je heen.

Denk eens na over hoe je gedrag zich verhoudt tot veelvoorkomende tekenen van toxiciteit:

a. Klaag je vaak of verspreid je negativiteit op het werk zonder constructieve oplossingen te bieden?
b. Neig je ertoe gesprekken te domineren of de ideeën van anderen in vergaderingen te negeren?

c. Ben je geneigd tot passief-agressieve opmerkingen, waarbij je directe communicatie vermijdt wanneer conflicten ontstaan?
d. Neem je de eer voor groepssuccessen, terwijl je de schuld afschuift wanneer er iets misgaat?
e. Ben je overdreven kritisch op het werk van je collega's, zelfs wanneer dat onnodig of onbehulpzaam is?

Dit gedrag is misschien niet bedoeld om anderen te schaden, maar de impact ervan kan toch bijdragen aan een giftige werkomgeving. Toxiciteit gedijt vaak in subtiele acties—snijdende opmerkingen, uitsluiting of constante kritiek. Dit gedeelte moedigt lezers aan om eerlijk naar zichzelf te kijken en te reflecteren of hun acties mogelijk schade toebrengen aan relaties, communicatie of samenwerking op de werkplek.

Vragen voor zelfreflectie helpen lezers hun eigen gedrag te evalueren:

1. Voel ik me vaak gefrustreerd of wrokvol tegenover collega's?
2. Draag ik meer problemen dan oplossingen bij?
3. Luister ik naar anderen met empathie, of wijs ik hun zorgen af?
4. Ben ik me bewust van hoe mijn toon, woorden of acties anderen beïnvloeden?

Door naar binnen te kijken, kun je beginnen met het herkennen van giftige patronen in je eigen gedrag en het proces van verandering starten.

Persoonlijke Verantwoordelijkheid en de Weg naar Verandering

Zodra je gedragingen hebt geïdentificeerd die mogelijk bijdragen aan toxiciteit, is de volgende stap het nemen van persoonlijke verantwoordelijkheid. Het erkennen van je eigen rol in het creëren van een gezondere werkomgeving is krachtig, omdat het je controle geeft over positieve verandering. Verantwoordelijkheid begint met het erkennen van je acties, geen excuses maken en begrijpen dat iedereen, ongeacht hun rol of positie, de cultuur van hun werkplek kan beïnvloeden.

Verantwoordelijkheid nemen kan het volgende inhouden:

a. Excuses aanbieden aan collega's die je hebt gekwetst, bewust of onbewust. Het erkennen van fouten toont volwassenheid en helpt om vertrouwen opnieuw op te bouwen.
b. Feedback vragen van collega's of managers over hoe je je communicatie of gedrag kunt verbeteren. Sta open voor constructieve kritiek, want dit is essentieel voor groei.
c. Je aanpak van conflicten of uitdagende situaties veranderen door meer bewust te reageren. Dit kan betekenen dat je problemen direct en respectvol aanpakt in plaats van ze te laten broeien tot giftige gedragingen zoals roddelen of wrok.

Je leert hoe je kunt verschuiven van defensiviteit naar openheid, en accepteren dat iedereen fouten maakt, maar ook kan werken aan het verbeteren van hun interacties met anderen. Verantwoordelijkheid gaat niet over perfectie, maar over het erkennen van verbeterpunten en je inzetten voor persoonlijke groei.

Dit gedeelte bevat praktische oefeningen, zoals:

a. Actief luisteren oefenen om ervoor te zorgen dat je echt de perspectieven van anderen hoort en overweegt.
b. Eerlijk zelfgesprek voeren over de manieren waarop je gedrag mogelijk bijdraagt aan negatieve werkdynamiek en hoe je dit kunt aanpassen.

De weg naar verandering is niet altijd gemakkelijk, maar met toewijding is het mogelijk om giftige patronen te doorbreken en meer positieve en productieve werkrelaties op te bouwen.

Betere Werkgewoonten Ontwikkelen

De sleutel tot het transformeren van een mogelijke bron van toxiciteit naar een kracht voor positiviteit ligt in het ontwikkelen van gezondere werkgewoonten.

Mercedes E.O. Monden

Giftig gedrag kan worden vervangen door constructieve gewoonten die samenwerking, respect en open communicatie bevorderen. In dit gedeelte leer je praktische strategieën voor het opbouwen van gewoonten die bijdragen aan een gezondere, positievere werkcultuur.

1. **Verbeter je communicatie:** Doe moeite om open, eerlijk en constructief te communiceren met je collega's. In plaats van te bekritiseren of te klagen, richt je op het geven van feedback die gericht is op oplossingen. Luister actief tijdens discussies en zorg ervoor dat je communicatiestijl respect en inclusie bevordert.
2. **Oefen empathie:** Empathie is een van de krachtigste tools om een positieve werkomgeving te creëren. Neem de tijd om de perspectieven, uitdagingen en emoties van je collega's te begrijpen. Dit kan conflicten verminderen en samenwerking bevorderen. Eenvoudige daden van vriendelijkheid en begrip kunnen een lange weg gaan in het opbouwen van vertrouwen en het versterken van relaties.
3. **Beheer je emoties:** Stress, frustratie en druk zijn vaak aanwezig op de werkplek, maar hoe je met deze emoties omgaat, kan bijdragen aan of helpen bij het verlichten van toxiciteit. Oefen technieken voor emotionele regulatie, zoals diep ademhalen of een pauze nemen voordat je reageert op moeilijke situaties. Zorg ervoor dat je emotionele reacties anderen niet schaden.
4. **Wees een teamspeler:** Werkplektoxiciteit ontstaat vaak uit competitie, kliekjes of uitsluiting. Streef ernaar inclusief te zijn in je werk. Moedig samenwerking aan, steun de ideeën van je collega's en help hen slagen. Een echte teamspeler tilt anderen op in plaats van hen neer te halen.
5. **Ontwikkel een groeimindset:** In plaats van verandering te weerstaan of defensief te reageren op fouten, omarm je kansen om te leren en je te ontwikkelen. Wanneer uitdagingen zich voordoen, zie ze dan als kansen om te groeien, zowel persoonlijk als professioneel. Door een mindset van voortdurende verbetering aan te nemen, kun

je een positieve invloed hebben die anderen aanmoedigt hetzelfde te doen.

6. **Respecteer grenzen:** Het begrijpen en respecteren van de persoonlijke en professionele grenzen van je collega's is cruciaal. Zorg ervoor dat je niet te veel van anderen verwacht en wees bewust van de balans tussen werk en privéleven.

Door deze gewoonten consequent toe te passen, verbeter je niet alleen je eigen ervaring op de werkplek, maar draag je ook bij aan een positievere en minder giftige omgeving voor iedereen. Dit hoofdstuk bevat praktische oefeningen en dagelijkse gewoonten die je kunt implementeren om een gezondere werkomgeving te bevorderen, zoals het bijhouden van je voortgang, het beoefenen van dankbaarheid en het leren van conflictoplossingstechnieken.

Samenvatting van dit hoofdstuk

Dit hoofdstuk richt zich op persoonlijke verantwoordelijkheid en het belang van zelfbewustzijn in het bestrijden van toxiciteit op de werkplek. Het benadrukt dat, hoewel het gemakkelijk is om giftig gedrag bij anderen aan te wijzen, de weg naar een gezondere werkcultuur begint met het onderzoeken van je eigen acties en het nemen van bewuste beslissingen. Door een groeimindset te omarmen en gezondere werkgewoonten te implementeren, kunnen lezers controle nemen over hun gedrag en een positieve impact maken op hun professionele omgeving. Dit verbetert niet alleen hun relaties met collega's, maar helpt ook toekomstige toxiciteit te voorkomen.

Intimidatie en Pesten: Een Stille Bedreiging op de Werkplek.

Er is een giftige trend op de werkplek waar zelden over wordt gesproken, maar die ontelbare individuen treft—intimidatie. Een paar jaar geleden, vroeg in mijn carrière terwijl ik met asielzoekers werkte, kwam ik dit zelf tegen. Het was mijn droombaan, en iedereen die me kent, weet dat ik toewijding, professionaliteit en hart in alles stop wat ik doe. Mijn werkethiek is een balans

Mercedes E.O. Monden

tussen compassie en kritisch denken, waarbij ik altijd zorg dat ik het volledige proces begrijp van wat ik doe.

Ondanks mijn inzet en passie voor mijn werk werd ik echter het doelwit van een systematische campagne van intimidatie, samen met twee andere fantastische oudere vrouwen die met mij werkten. We werden dagelijks lastiggevallen door een groep freelance mannelijke collega's. Wat begon als informele gesprekken, escaleerde snel tot iets veel indringenders en giftigs. Deze collega's drongen voortdurend aan om over onze geloofsovertuiging te praten, en na verloop van tijd werd het duidelijk dat hun doel was om ons te bekeren tot hun eigen geloofssysteem. Ze waren niet simpelweg geïnteresseerd in een gesprek; ze eisten dat we onze overtuigingen rechtvaardigden en hun geloof als superieur beschouwden.

De intimidatie stopte niet bij religieuze discussies. Deze individuen creëerden een vijandige sfeer voor ons en richtten zich zelfs op sommige van de bewoners met wie we werkten, vooral als de bewoners soortgelijke religieuze overtuigingen deelden met de intimiderende collega's, maar iets andere interpretaties hadden. De boodschap was duidelijk: als je niet precies gelooft wat zij doen, word je een doelwit voor intimidatie en uitsluiting.

Naarmate de intimidatie intensiveerde, namen mijn gevoelens van angst en onzekerheid ook toe. Het was niet alleen de dagelijkse intimidatie die me zwaar viel, maar ook de wetenschap dat deze collega's de gunst en bescherming van onze managers hadden. Onder het personeel was algemeen bekend dat deze individuen de "managers om hun vingers hadden gewonden". Dit machtsverschil maakte de situatie hopeloos—waarom zouden de managers ons geloven boven hen? De constante angst en stress putten me emotioneel uit, waardoor het moeilijk werd om me te concentreren op het werk dat ik ooit zo graag deed.

Uiteindelijk verzamelde ik de moed om een officiële klacht in te dienen bij de managers. Ik hoopte dat door het probleem onder hun aandacht te brengen, er actie zou worden ondernomen. Helaas verslechterde de situatie in plaats van te verbeteren. De managers namen het probleem misschien wel aan wanneer ze aanwezig waren, maar zodra ze uit het zicht waren, escaleerde de intimidatie. We werden genegeerd, geïsoleerd en nog meer buitengesloten. Deze collega's gingen zelfs zo ver dat ze sommige bewoners tegen ons opstookten, in een poging hen te gebruiken als instrumenten van hun intimidatie. Gelukkig weigerden veel van de bewoners deel te nemen aan dit giftige gedrag en dienden ze zelf klachten in, waarbij ze verklaarden dat ze geen deel wilden uitmaken van zo'n "gruweldaad."

Uit die ervaring heb ik een waardevolle les geleerd: sommige onderwerpen, vooral die heel persoonlijk zijn, zoals religie, moeten met grote voorzichtigheid worden benaderd op de werkplek, vooral wanneer er kans is op pesten of manipulatie.

De Beste Oplossingen voor Pesten en Intimidatie op de Werkplek

Pesten op de werkplek, vooral wanneer het intimidatie of het aanwakkeren van haat tegen een collega omvat, kan verwoestende effecten hebben—niet alleen op het mentale en emotionele welzijn van het slachtoffer, maar ook op de algehele werkcultuur. Het creëert een omgeving van angst, spanning en uitsluiting die moeilijk te navigeren is. Hier zijn enkele belangrijke punten om te overwegen bij het aanpakken van pesten op de werkplek:

1. Pesten en intimidatie op de werkplek:

Pesten op de werkplek is meer dan alleen een persoonlijk conflict—het omvat consequent, gericht gedrag dat bedoeld is om een individu of groep te vernederen, uit te sluiten of te intimideren. Het kan vele vormen aannemen, waaronder:

    a. **Verbale agressie:** Scheldwoorden, denigrerende opmerkingen of het kleineren van iemands werk of overtuigingen.
    b. **Sociale uitsluiting:** Iemand opzettelijk buitensluiten van werk gerelateerde activiteiten of gesprekken.

c. **Werk ondermijnen:** Opzettelijk de inspanningen van iemand saboteren of valse informatie verspreiden om hun reputatie te schaden.
d. **Haat aanwakkeren:** Andere werknemers of, in dit geval, zelfs bewoners tegen iemand opzetten door manipulatie of geruchten te verspreiden.

2. De gevolgen van het aanwakkeren van haat:

Wanneer collega's actief werken om haat of wrok tegen anderen aan te wakkeren, schaadt dit niet alleen de slachtoffers, maar vergiftigt het ook de gehele werkplek. Enkele van de belangrijkste gevolgen zijn:

a. Karaktermoord: Valse beschuldigingen of geruchten over iemands overtuigingen, werkethiek of privéleven kunnen hun reputatie zowel professioneel als persoonlijk schaden.
b. Emotionele en psychologische schade: Slachtoffers van pesten ervaren vaak angst, depressie en verlies van eigenwaarde, wat kan leiden tot burn-out en uiteindelijk tot terugtrekking uit het arbeidsproces.
c. Verminderde productiviteit: Een giftige omgeving put het moraal en de productiviteit uit, wat niet alleen de slachtoffers beïnvloedt, maar ook het bredere team.
d. Juridische gevolgen: Als pesten of intimidatie overgaat in discriminatie (op basis van religie, ras, geslacht, enz.), kunnen er juridische consequenties voor de werkgever zijn, waaronder rechtszaken en boetes.

HOOFDSTUK 5

Mentale Gezondheid in een Giftige Werkomgeving

De Impact van Toxiciteit op Mentale en Emotionele Gezondheid

Giftige werkomgevingen kunnen een diepgaand effect hebben op het mentale en emotionele welzijn van een individu. De constante blootstelling aan stress, negativiteit en ongezonde dynamieken heeft een cumulatieve impact, die zich vaak uit in fysieke en psychologische symptomen. Voor veel werknemers kan de aanhoudende druk van werken in dergelijke omgevingen leiden tot burn-out, angst, depressie en andere mentale gezondheidsuitdagingen.

De emotionele impact van een giftige werkplek omvat vaak:

a. **Chronische stress:** De constante noodzaak om giftige relaties, micromanagement of onredelijke eisen te navigeren kan leiden tot chronische stress, die zowel de mentale als fysieke gezondheid beïnvloedt.

b. **Angst en vrees:** Werknemers in giftige omgevingen kunnen een aanhoudende angst ervaren om berispt, buitengesloten of slecht behandeld te worden, wat leidt tot verhoogde angst en zorgen, zelfs buiten werktijd.
c. **Laag zelfbeeld:** Giftige omgevingen ondermijnen het zelfvertrouwen van werknemers, vooral wanneer ze worden onderworpen aan kritiek, kleinering of oneerlijke vergelijkingen met anderen.
d. **Depressie:** Na verloop van tijd kan de negatieve sfeer leiden tot gevoelens van hopeloosheid, hulpeloosheid en onthechting. Veel werknemers in giftige werkomgevingen voelen zich gevangen, zien geen uitweg en kunnen zelfs aan hun professionele waarde gaan twijfelen.
e. **Fysieke symptomen:** Mentale gezondheidsproblemen manifesteren zich vaak fysiek, met symptomen zoals hoofdpijn, slapeloosheid, spijsverteringsproblemen of een verzwakt immuunsysteem. Langdurige blootstelling aan toxiciteit op de werkplek kan bijdragen aan ernstige gezondheidsproblemen zoals hartaandoeningen of hypertensie.

In dit gedeelte ligt de focus op hoe werkplektoxiciteit een ongezonde mentale belasting creëert en de tekenen dat je mentale gezondheid achteruitgaat door de omgeving. Het begrijpen van deze impact is cruciaal om de volgende stappen te nemen in het beschermen en prioriteren van je mentale welzijn.

Hoe je je Mentale Welzijn Kunt Beschermen

Het beschermen van je mentale gezondheid in een giftige werkomgeving vereist opzettelijke strategieën om jezelf af te schermen van de negatieve effecten terwijl je je professionaliteit behoudt. Hoewel het misschien onmogelijk is om de omgeving direct te veranderen, zijn er proactieve stappen die je kunt nemen om je welzijn te waarborgen.

Detoxification: Toxic Work Atmosphere

1. **Stel grenzen:** Leer nee te zeggen wanneer dat nodig is. Stel duidelijke professionele grenzen met giftige collega's of managers, vooral op het gebied van werklast en communicatie. Het is belangrijk om je tijd en energie te beschermen, vooral als de eisen onredelijk zijn.
2. **Neem pauzes:** Wanneer het werk overweldigend wordt, neem dan afstand—of het nu een korte wandeling is, ademhalingsoefeningen of gewoon een paar minuten om je hoofd leeg te maken. Regelmatige pauzes helpen je stressniveau te resetten en zorgen voor mentale hersteltijd.
3. **Zorg voor jezelf buiten het werk:** Zorg ervoor dat je tijd investeert in activiteiten die ontspanning, vreugde en welzijn bevorderen. Bewegen, hobby's, mindfulness en tijd doorbrengen met dierbaren zijn essentieel om emotioneel en mentaal op te laden. Deze praktijken versterken je emotionele veerkracht om de toxiciteit op de werkplek te weerstaan.
4. **Bouw een ondersteunend netwerk op:** Bouw relaties op met collega's, vrienden of familieleden die je kunnen steunen, aanmoedigen en perspectief kunnen bieden. Soms kan simpelweg praten over wat je meemaakt helpen om de emotionele last te verlichten.
5. **Behoud perspectief:** Giftige omgevingen kunnen je oordeel vertroebelen en je het gevoel geven dat de situatie nooit zal verbeteren. Het is belangrijk om perspectief te houden en jezelf te herinneren dat deze baan je waarde niet bepaalt. Reflecteer op je vaardigheden, successen en persoonlijke sterke punten om een positief beeld van jezelf en je toekomst te behouden.

Dit gedeelte biedt je praktische tips en oefeningen om je mentale gezondheid te beschermen, waaronder dagboek schrijven, mindfulness-technieken en manieren om een gezonde werk-privébalans te creëren ondanks een negatieve omgeving.

Mercedes E.O. Monden

De Rol van Therapie en Counseling

Wanneer de impact van werkplektoxiciteit te overweldigend wordt, kan het zoeken van professionele hulp een wereld van verschil maken. Therapie en counseling bieden een veilige ruimte om je ervaringen te verwerken, copingmechanismen te ontwikkelen en om te gaan met de emotionele gevolgen van giftige werkomgevingen.

Therapeuten en counselors kunnen ondersteuning bieden op verschillende belangrijke gebieden:

1. **Herkennen van patronen:** Soms staan we te dicht bij een situatie om te zien hoe deze ons beïnvloedt. Een therapeut kan je helpen patronen in je gedrag of gedachten te zien die mogelijk bijdragen aan je stress of angst.
2. **Copingstrategieën:** Professionele counselors bieden tools om je te helpen omgaan met giftige omgevingen, zoals cognitieve gedragstechnieken om negatieve gedachten te beheersen, stressverminderende oefeningen of communicatiestrategieën om met moeilijke collega's om te gaan.
3. **Zelfvertrouwen opbouwen:** Giftige omgevingen ontnemen werknemers vaak hun eigenwaarde. Therapie kan helpen om je zelfvertrouwen opnieuw op te bouwen en je een duidelijker beeld te geven van je persoonlijke waarde, los van de negatieve werkomgeving.
4. **Grenzen stellen:** Als het stellen van grenzen een uitdaging is geweest, kan therapie begeleiding bieden over hoe je jezelf kunt laten gelden in moeilijke situaties en gezondere werk-privégrenzen kunt handhaven.

Daarnaast bieden veel werkgevers vertrouwelijke counselingdiensten aan via Employee Assistance Programs (EAP's). Deze middelen kunnen van onschatbare waarde zijn voor werknemers die worstelen met mentale gezondheidsproblemen gerelateerd aan hun werkomgeving.

Dit gedeelte verkent hoe je de juiste therapeut of counselor kunt vinden, de voordelen van professionele mentale gezondheidszorg en manieren om toegang te krijgen tot deze diensten—via werkprogramma's of externe bronnen.

Veerkracht Opbouwen en Coping Mechanismen

Een van de meest empowerende reacties op een giftige werkomgeving is het opbouwen van persoonlijke veerkracht. Veerkracht betekent niet het accepteren of verdragen van toxiciteit, maar het ontwikkelen van de innerlijke kracht om met moeilijke situaties om te gaan zonder erdoor overweldigd te worden. Veerkracht opbouwen stelt je in staat om mentaal sterk en vindingrijk te blijven, zelfs wanneer externe omstandigheden uitdagend zijn.

Hier zijn enkele strategieën voor het opbouwen van veerkracht:

1. **Ontwikkel emotionele intelligentie:** Het begrijpen en beheren van je emoties is de sleutel tot het gedijen in moeilijke situaties. Emotionele intelligentie helpt je kalm te blijven onder druk, constructief te reageren op conflicten en moeilijke mensen aan te pakken zonder dingen persoonlijk te nemen.
2. **Herformuleer negatieve situaties:** Cognitieve herstructurering is een krachtig instrument dat inhoudt dat je verschuift hoe je een negatieve situatie ziet. In plaats van je verslagen te voelen door een giftige collega of manager, probeer hun gedrag te zien als een weerspiegeling van hun problemen, niet van jouw waarde. Door uitdagingen te zien als kansen voor groei, kun je een gevoel van controle en empowerment behouden.
3. **Focus op wat je kunt beheersen:** Giftige omgevingen laten ons vaak machteloos voelen. In plaats van te focussen op wat je niet kunt veranderen (bijv. management of organisatiecultuur), richt je op wat je wel kunt beheersen, zoals je werkethiek, houding en zelfzorg. Deze verschuiving in focus kan gevoelens van hulpeloosheid verminderen.

4. **Oefen dankbaarheid:** Zelfs in de meest negatieve omgevingen zijn er momenten van positiviteit. Dankbaarheid oefenen helpt je brein te hertrainen om je te richten op het goede in je leven. Dit betekent niet dat je giftig gedrag negeert, maar het stelt je in staat perspectief te behouden en een positieve kijk te houden.
5. **Leer stress management technieken:** Technieken zoals diep ademhalen, meditatie, progressieve spierontspanning of visualisatie kunnen je helpen je stressrespons in situaties van hoge druk te verminderen. Deze coping-mechanismen helpen je om de dagelijkse stress van een giftige omgeving te beheersen zonder je overweldigd te voelen.
6. **Plan voor de toekomst:** Als je werkomgeving onhoudbaar is, begin dan met het plannen van een exit strategie. Een duidelijk plan hebben voor je volgende stappen—of dat nu betekent dat je op zoek gaat naar een nieuwe baan of vaardigheden ontwikkelt om door te groeien naar een andere rol—kan je helpen je meer empowered en minder gevangen te voelen.

Dit gedeelte biedt praktisch advies over hoe je veerkracht kunt opbouwen, van het ontwikkelen van mindfulness-praktijken tot het focussen op persoonlijke groei en het creëren van strategieën voor toekomstig succes. Het is bedoeld om je aan te moedigen de controle over je mentale en emotionele gezondheid te nemen, zelfs in uitdagende omstandigheden.

Samenvatting van het Hoofdstuk:

In dit hoofdstuk verkennen we de mentale gezondheidsimpact van werken in giftige omgevingen, van emotionele effecten tot fysieke symptomen. Lezers leren strategieën om hun mentale welzijn te beschermen, waaronder het stellen van grenzen, het cultiveren van zelfzorggewoonten en het behouden van perspectief. We bespreken ook de rol van therapie en counseling bij het bieden van professionele ondersteuning, en bieden tools voor het opbouwen van veerkracht en effectieve coping-mechanismen die lezers helpen om met kracht en helderheid om te gaan met toxiciteit. Uiteindelijk benadrukt het hoofdstuk het belang van het nemen van proactieve stappen om de mentale gezondheid te beschermen terwijl er wordt gewerkt aan Lange termijn oplossingen.

HOOFDSTUK 6

Loskomen van Toxiciteit

—————— ·•—•—•· ——————

Hoe je een Giftige Omgeving Kunt Ontvluchten of Beheren

Weten Wanneer Je Moet Blijven of Vertrekken

Een van de moeilijkste beslissingen die je moet nemen wanneer je geconfronteerd wordt met een giftige werkomgeving, is bepalen of je moet blijven en proberen de situatie te verbeteren of moet vertrekken omwille van je welzijn. Te lang blijven in een giftige omgeving kan leiden tot ernstige mentale, emotionele en fysieke schade, maar het verlaten van een baan is niet altijd direct haalbaar. Het balanceren van financiële verantwoordelijkheden, carrière-ambities en persoonlijk welzijn vereist zorgvuldige afweging.

Hier zijn enkele belangrijke factoren om te overwegen bij het beslissen of je moet blijven of vertrekken:

a. **Beoordeel de ernst van de toxiciteit:** Als de werkomgeving aanzienlijke schade aan je mentale of fysieke gezondheid toebrengt, is het misschien tijd om je welzijn voorop te stellen. Ben je voortdurend angstig, depressief of overweldigd door werk? Heeft de toxiciteit invloed op je persoonlijke leven en relaties? In deze gevallen kan vertrekken de beste optie zijn.

b. **Overweeg je financiële en carrièresituatie:** Kun je het je veroorloven om direct te vertrekken, of zou het verstandiger zijn om een overgangsplan te ontwikkelen terwijl je nog in dienst bent? Evalueer of je huidige rol essentieel is voor je langetermijn carrièredoelen of dat blijven schadelijk zou kunnen zijn voor je professionele ontwikkeling.

c. **Evalueer de mogelijkheid tot verandering:** Zijn er mogelijkheden om de omgeving te verbeteren door directe actie, zoals praten met het management of HR, of door je eigen strategieën voor het omgaan met de toxiciteit aan te passen? Als je denkt dat de situatie met interventie kan verbeteren, kan het de moeite waard zijn om te blijven en te proberen de problemen op te lossen.

d. **Herken de signalen dat het tijd is om te vertrekken:** Constante gevoelens van burn-out, een gebrek aan respect of steun van het management, systemische discriminatie of intimidatie, en aanhoudende emotionele of fysieke gezondheidsproblemen die verband houden met werk zijn sterke indicatoren dat het tijd is om de omgeving te verlaten.

Dit gedeelte is bedoeld om je te begeleiden bij het moeilijke besluitvormingsproces over het wel of niet blijven, en biedt hulpmiddelen om je huidige omstandigheden en langetermijndoelen te evalueren.

Mercedes E.O. Monden

Praktische Strategieën voor het Beheren van Toxiciteit als Je Niet Kunt Vertrekken

Als vertrekken geen onmiddellijke optie is, is het essentieel om strategieën te ontwikkelen om de toxiciteit te beheren en tegelijkertijd je welzijn te beschermen. Er zijn manieren om door een giftige omgeving te navigeren zonder dat het je opslokt, zelfs als een exit op korte termijn niet haalbaar is.

1. **Creëer een Mentale en Emotionele Buffer:** Neem emotioneel afstand van de giftige elementen van de omgeving. Visualiseer een mentale barrière tussen jou en de negativiteit om je heen. Deze buffer kan je helpen je op je taken te concentreren zonder de toxiciteit te internaliseren of het je emotionele toestand te laten beïnvloeden.
2. **Beperk Blootstelling aan Giftige Individuen:** Als bepaalde collega's of managers de bron van de toxiciteit zijn, probeer je interacties met hen zoveel mogelijk te beperken. Focus op professionele interacties, houd gesprekken kort en gericht op werk, en vermijd onnodig contact.
3. **Blijf Gegrond in Je Waarden:** Giftige omgevingen kunnen ervoor zorgen dat je aan je zelfwaarde of professionele waarden gaat twijfelen. Herinner jezelf regelmatig aan je vaardigheden, prestaties en waarden. Door je te richten op je eigen integriteit en waar je voor staat, kun je de invloed van de toxiciteit op je zelfbeeld verminderen.
4. **Documenteer Incidenten:** Houd een dossier bij van giftig gedrag, zoals pesten, intimidatie of onredelijke eisen. Het documenteren van deze incidenten met specifieke data en details kan helpen als je het probleem moet escaleren naar HR of juridische stappen moet ondernemen.
5. **Focus op Wat Je Kunt Beheersen:** In giftige omgevingen is het gemakkelijk om je machteloos te voelen. Focus in plaats daarvan op de aspecten van je werk die je kunt beheersen—je eigen prestaties, tijdmanagement en persoonlijke grenzen. Door je energie te richten op deze elementen, kun je een gevoel van controle behouden.

6. **Ontwikkel een Exitstrategie:** Als blijven noodzakelijk is voor nu, begin dan met het plannen van je uiteindelijke vertrek. Werk je cv bij, netwerk met professionals in je vakgebied en verken discreet nieuwe carrièremogelijkheden. Een duidelijk plan voor vertrek kan mentale verlichting bieden, wetende dat je een uitweg hebt in de toekomst.
7. **Zelfzorg is Niet-onderhandelbaar:** Maak zelfzorg zowel op als buiten het werk een prioriteit. Dit kan betekenen dat je grenzen stelt rond werktijden, je bezighoudt met stressverlichtende activiteiten zoals lichaamsbeweging of mindfulness, of hobby's en persoonlijke interesses vindt die je vreugde en balans geven buiten de werkplek.

Dit gedeelte biedt praktische hulpmiddelen om giftige omgevingen te doorstaan zonder je gezondheid of waarden op te offeren, waardoor je sterk en gefocust blijft, zelfs in moeilijke omstandigheden.

Hoe Je HR en Management Om Ondersteuning Kunt Vragen

Wanneer een werkomgeving giftig wordt, is het cruciaal om te weten hoe en wanneer je problemen kunt escaleren naar HR of het management. Het zetten van de stap om giftig gedrag te melden kan intimiderend zijn, maar het is vaak noodzakelijk om verantwoording af te dwingen en verandering te bewerkstelligen. Voordat je HR of het management benadert, is het belangrijk om je goed voor te bereiden.

1. **Documenteer Alles:** Voordat je een formele klacht indient, zorg ervoor dat je een duidelijk en gedetailleerd verslag hebt van het giftige gedrag. Noteer data, tijden, specifieke incidenten en eventuele communicatie (e-mails, berichten) die het probleem illustreren. Concrete bewijzen versterken je zaak en helpen HR of het management om het probleem effectief aan te pakken.

2. **Ken de Bedrijfsregels:** Maak jezelf vertrouwd met de beleidsregels van je organisatie met betrekking tot gedrag op de werkplek, discriminatie, intimidatie en andere relevante kwesties. Het begrijpen van deze regels zorgt ervoor dat je je klacht in de juiste context plaatst en je rechten als werknemer kent.
3. **Formuleer je Klacht Professioneel:** Wanneer je HR of het management benadert, focus dan op de impact van het giftige gedrag op de werkomgeving in plaats van persoonlijke beschuldigingen te uiten. Gebruik objectieve taal en leg uit hoe het giftige gedrag je productiviteit, het moreel van het team en de algehele harmonie op de werkplek beïnvloedt.
4. **Weet Wat je Wilt:** Voordat je HR of het management benadert, denk na over welke oplossing je zoekt. Vraag je om bemiddeling, een formeel onderzoek of specifieke gedragsveranderingen? Een duidelijk doel hebben helpt het gesprek gericht te houden op het vinden van oplossingen.
5. **Blijf Kalm en Professioneel:** Hoewel het begrijpelijk is dat je emotioneel geraakt bent door de toxiciteit op de werkplek, probeer tijdens je gesprekken met HR of het management rustig te blijven. Deze professionaliteit versterkt je positie en helpt je om effectiever te communiceren.
6. **Volg Op:** Na het melden van het probleem, houd bij hoe HR of het management je zorgen aanpakt. Als er na een redelijke periode geen actie of vooruitgang is, aarzel dan niet om op te volgen en om updates over de situatie te vragen.
7. **Weet Wanneer je Externe Hulp Moet Inroepen:** Als HR of het management nalaat je zorgen aan te pakken, of als je het gevoel hebt dat het melden van het probleem intern je risico op vergelding heeft vergroot, overweeg dan om juridisch advies in te winnen. Arbeidswetten, waaronder EU- en COA-wetten, beschermen werknemers tegen giftige werkomgevingen, intimidatie en vergelding. Als interne processen geen oplossing bieden, kan externe juridische bijstand nodig zijn.

Dit gedeelte biedt begeleiding bij het formele proces van het benaderen van HR of het management, met praktische tips over hoe je je zaak professioneel kunt presenteren, veelvoorkomende valkuilen kunt vermijden en kunt opvolgen om ervoor te zorgen dat passende maatregelen worden genomen.

Waarom Je Werkplek Pesten en Discriminatie Moet Melden bij HR: Een Gebalanceerd Perspectief

Het is waar dat veel werknemers terughoudend zijn om pesten of discriminatie op de werkplek te melden bij HR vanwege de wijdverbreide overtuiging dat HR-afdelingen er vooral zijn om de belangen van het bedrijf te beschermen. Hoewel het begrijpelijk is dat werknemers voorzichtig kunnen zijn, is het belangrijk om te erkennen dat het melden aan HR niet alleen een formele en noodzakelijke stap is in het aanpakken van giftig gedrag op de werkplek, maar ook vaak het meest effectieve middel is om verandering te bewerkstelligen. Hier is waarom:

1. HR's Dubbele Rol: Ondersteuning van zowel Werknemers als de Organisatie

HR-afdelingen zijn inderdaad verantwoordelijk voor het beschermen van de belangen van het bedrijf, maar een van die belangen is het handhaven van een veilige, respectvolle en wettelijk conforme werkplek. Bedrijven zijn wettelijk verplicht om pesten, discriminatie en intimidatie op de werkplek te voorkomen en aan te pakken. Als HR dergelijke kwesties niet aanpakt, loopt de organisatie het risico van juridische aansprakelijkheid, reputatieschade en hoge personeelsverloopcijfers, die allemaal schadelijk zijn voor het bedrijf.

HR's taak is niet alleen het beschermen van het bedrijf, maar ook het handhaven van beleid dat een gezonde en productieve werkomgeving ondersteunt. Het langdurige succes van het bedrijf is direct verbonden met het creëren van een positieve werkcultuur, en HR speelt een sleutelrol in het bereiken van dit doel. Daarom is het in het belang van HR om meldingen van pesten en discriminatie net zo serieus te nemen als in het belang van de werknemer.

2. HR is Wettelijk Verplicht Om Pesten en Discriminatie aan te Pakken

Onder arbeids- en arbeidswetten in veel rechtsgebieden zijn HR-afdelingen wettelijk verplicht om meldingen van pesten, intimidatie en discriminatie op de werkplek te onderzoeken en op te lossen. Het niet naleven hiervan kan aanzienlijke juridische gevolgen hebben voor het bedrijf, waaronder rechtszaken, financiële boetes en reputatieschade. Werknemers die klachten indienen bij HR creëren een formeel dossier dat het bedrijf moet aanpakken, anders riskeren ze in strijd te zijn met arbeidswetten en -regels.

Deze wettelijke verplichting betekent dat HR klachten niet zomaar kan negeren om het bedrijf te beschermen. Zodra een probleem formeel wordt gemeld, ontstaat er een juridische verantwoordelijkheid voor HR om een onderzoek in te stellen en passende corrigerende maatregelen te nemen.

3. Melden Creëert een Formeel Dossier en Verantwoording

Wanneer je pesten of discriminatie op de werkplek meldt bij HR, creëer je een formeel papieren spoor dat het bedrijf verantwoordelijk houdt. Zonder formele documentatie is het veel gemakkelijker voor pesten en discriminatie om te worden genegeerd. Door een klacht in te dienen, verhoog je niet alleen het bewustzijn over het probleem, maar dwing je het bedrijf ook om actie te ondernemen.

4. Melden aan HR is een Noodzakelijke Stap Voordat Je Juridische Actie Onderneemt

Hoewel het waar is dat HR het probleem misschien niet altijd naar tevredenheid oplost, is het melden van pesten en discriminatie op de werkplek bij HR een cruciale stap in het juridische proces. De meeste arbeidswetten vereisen dat werknemers interne klachtenprocedures doorlopen, zoals melding bij HR, voordat ze externe juridische stappen ondernemen.

Als je het probleem niet eerst bij HR meldt, kan dit je vermogen om later juridische stappen te ondernemen ondermijnen. Door het probleem formeel te melden, toon je aan dat je hebt geprobeerd het probleem binnen het bedrijf op te lossen, wat je zaak sterker maakt als juridische stappen nodig zijn.

5. HR Afdelingen Verbeteren Zich Vaak

In de afgelopen jaren is er steeds meer erkenning voor het feit dat het welzijn van werknemers centraal staat in het succes van een organisatie. Veel HR-afdelingen herdefiniëren hun rol om meer ondersteunend te zijn voor werknemers, niet alleen voor het bedrijf. Deze verschuiving wordt deels gedreven door de groeiende aandacht voor werkcultuur, mentale gezondheid en het behoud van werknemers.

6. Je Helpt Niet Alleen Jezelf—Je Helpt Anderen

Door pesten en discriminatie te melden, kom je niet alleen voor jezelf op—je helpt mogelijk ook anderen die dezelfde mishandeling ervaren. Giftig gedrag treft zelden slechts één persoon. Wanneer je meldingen maakt, doorbreek je de stilte en moedig je anderen misschien aan om ook naar voren te komen, waardoor HR het probleem serieus moet nemen en het breder moet aanpakken.

HOOFDSTUK 7

Wettelijke Rechten en Werkplek Bescherming (EU en COA Wetgeving)

———••—●—••———

Begrijp je Wettelijke Rechten in de EU en Onder COA Wetgeving

Werknemers die werken in giftige omgevingen voelen zich vaak gevangen, in de veronderstelling dat ze geen uitweg hebben voor oneerlijke behandeling, intimidatie of onveilige werkomstandigheden. Echter, onder de wetgeving van de Europese Unie (EU) en de COA (Raad van Arbitrage) zijn er wettelijke beschermingen ingesteld om ervoor te zorgen dat werknemers recht hebben op een veilige en niet-giftige werkomgeving. Deze wetten zijn ontworpen om werknemers te beschermen tegen intimidatie, discriminatie en oneerlijke behandeling, en bieden ook rechtsmiddelen als hun rechten worden geschonden.

1. EU Arbeidswetten:

De EU heeft verschillende wetten ingevoerd die gericht zijn op de bescherming van de rechten van werknemers. Enkele belangrijke wetten zijn:

a. **Het Handvest van de Grondrechten van de Europese Unie**: Dit juridische kader beschermt werknemers tegen discriminatie op de werkplek en garandeert rechten zoals het recht op eerlijke arbeidsvoorwaarden, gelijkheid en waardigheid op het werk.
b. **De Kaderrichtlijn inzake Veiligheid en Gezondheid op het Werk (Richtlijn 89/391/EEG)**: Deze richtlijn verplicht werkgevers om de veiligheid en gezondheid van hun werknemers te waarborgen door risico's op de werkplek te identificeren en aan te pakken, waaronder het omgaan met giftige werkomgevingen.
c. **De Richtlijn Gelijke Behandeling (2006/54/EG)**: Deze richtlijn verbiedt discriminatie op basis van geslacht en biedt bescherming tegen intimidatie en seksuele intimidatie op de werkplek.
d. **De Richtlijn inzake Klokkenluidersbescherming (2019/1937): Deze** wetgeving beschermt werknemers die wangedrag of illegale activiteiten in hun organisatie melden en hen beschermt tegen vergeldingsmaatregelen.

2. COA Wetgeving:

De Raad van Arbitrage (COA) heeft zijn eigen reeks regels die van toepassing zijn op geschillen in specifieke sectoren of regio's, waarbij de nadruk vaak ligt op arbitrage en bemiddeling voor het oplossen van conflicten. Als jouw organisatie of sector onder de jurisdictie van de COA valt, heb je mogelijk aanvullende bescherming of mogelijkheden voor het oplossen van werkplekgeschillen, zoals arbitragepanels of bemiddelingsdiensten om giftige werkomgevingen aan te pakken.

3. Belangrijke Beschermingen Onder Deze Wetten:

a. **Bescherming tegen Discriminatie:** Je hebt recht op een werkplek zonder discriminatie op basis van ras, geslacht, leeftijd, handicap, religie of seksuele geaardheid.

b. **Bescherming tegen Intimidatie:** Of het nu gaat om pesten, verbaal misbruik of seksuele intimidatie, EU- en COA-wetten bieden je de wettelijke basis om dergelijk gedrag te melden en verhaal te zoeken.
c. **Recht op een Veilige Werkomgeving:** Werkgevers zijn verplicht om ervoor te zorgen dat je werkplek zowel fysiek als emotioneel veilig is. Dit omvat het creëren van beleid om toxiciteit te voorkomen, het aanpakken van klachten van werknemers en het verminderen van risico's die kunnen leiden tot psychologische schade.
d. **Bescherming tegen Vergeldingsmaatregelen:** Als je giftig gedrag meldt, zoals intimidatie of discriminatie, ben je beschermd tegen vergeldingsmaatregelen van je werkgever onder de EU- en COA-wetgeving. Werkgevers mogen werknemers die legitieme zorgen over toxiciteit op de werkplek naar voren brengen, niet straffen.

Dit gedeelte biedt een overzicht van de belangrijkste wettelijke beschermingen die beschikbaar zijn onder de EU- en COA-wetgeving, en biedt een toegankelijke gids voor de rechten en waarborgen die werknemers hebben wanneer ze geconfronteerd worden met een giftige werkomgeving.

Hoe Giftig Gedrag Wettelijk te Documenteren en Melden

Als je te maken hebt met giftig gedrag op de werkplek, is het essentieel om je ervaringen grondig en nauwkeurig vast te leggen. Een goede documentatie is cruciaal als je besluit het probleem bij Human Resources (HR), het management of via juridische stappen te melden. Duidelijke en georganiseerde verslagen kunnen je beweringen onderbouwen en dienen als bewijs ter ondersteuning van je zaak.

Hier is hoe je giftig gedrag wettelijk kunt documenteren:

1. Houd Gedetailleerde Verslagen Bij:

a. **Leg incidenten onmiddellijk vast:** Zodra een incident plaatsvindt, schrijf je zo gedetailleerd mogelijk op wat er is gebeurd. Noteer de datum, tijd, locatie, betrokken personen en een beschrijving van het voorval.

b. **Wees specifiek:** Vermijd vage taal. In plaats van te schrijven: "Mijn baas was onbeleefd tegen mij," geef gedetailleerde informatie zoals: "Op 3 juli om 10:30 uur zei mijn baas: 'Je bent incompetent en kunt deze baan niet aan,' in het bijzijn van het hele team."

c. **Voeg ondersteunende documenten toe:** Bewaar e-mails, sms-berichten of andere geschreven communicatie die giftig gedrag illustreert. Als een manager bijvoorbeeld een kleinerende e-mail stuurt of als er bewijs is van oneerlijke behandeling door werkschema's of projecttoewijzingen, voeg deze dan toe als onderdeel van je documentatie.

2. Houd een Verslag bij van je Werkprestaties:

Giftige managers kunnen proberen je werk in diskrediet te brengen als een vorm van vergelding. Houd een gedetailleerd verslag bij van je werkprestaties, inclusief positieve feedback, voltooide projecten en eventuele beoordelingsgesprekken, om valse beschuldigingen over je werk tegen te gaan.

3. Noteer Getuigenverklaringen:

Als collega's getuige zijn geweest van het giftige gedrag, maak dan een notitie van wie aanwezig was. Vraag hen indien mogelijk om schriftelijke verklaringen over wat zij hebben waargenomen. Getuigen kunnen cruciaal zijn bij het ondersteunen van je zaak, vooral als het gedrag in het openbaar plaatsvond.

4. Volg de Bedrijfsprocedures voor Melden:

Volg de interne procedures van je bedrijf voordat je het probleem extern meldt. De meeste organisaties hebben richtlijnen voor het melden van intimidatie, discriminatie of ander wangedrag. Door je aan deze protocollen te houden, kun je aantonen dat je hebt geprobeerd het probleem binnen het bedrijf op te lossen voordat je verdere stappen onderneemt.

5. Dien Meldingen Schriftelijk In:

Wanneer je giftig gedrag meldt bij HR of het management, doe dit dan schriftelijk. Dit creëert een papieren spoor dat later kan worden geraadpleegd als het probleem escaleert of als er een geschil ontstaat over wat er is gemeld. Gebruik duidelijke, feitelijke taal en vermijd emotionele of beschuldigende uitspraken. Geef simpelweg de feiten weer en leg uit welk effect het gedrag op jou of het team heeft gehad.

Door deze stappen te volgen, kun je ervoor zorgen dat je documentatie professioneel, grondig en juridisch geldig is. Dit gedeelte bevat ook sjablonen voor het documenteren van giftige incidenten, zodat lezers een duidelijke gids hebben om hun bewijzen te verzamelen en te organiseren.

Wanneer en Hoe Juridische Hulp in te Roepen

In sommige gevallen zijn interne rapportage en managementinterventie mogelijk niet voldoende om de toxiciteit op de werkplek aan te pakken. Als de situatie escaleert, als je rechten worden geschonden of als je baan wordt bedreigd door vergelding, kan het nodig zijn om juridische hulp in te roepen.

1. Wanneer Juridische Hulp te Zoeken:

a. **Ernstige Intimidatie of Discriminatie:** Als je te maken hebt met ernstige intimidatie of discriminatie op basis van geslacht, ras, seksuele geaardheid of een andere beschermde eigenschap, is het essentieel om zo snel mogelijk juridische hulp in te schakelen.

Detoxification: Toxic Work Atmosphere

    b. **Vergelding voor het Melden:** Als je giftig gedrag hebt gemeld en je wordt geconfronteerd met vergeldingsmaatregelen, zoals degradatie, onrechtmatig ontslag of negatieve beoordelingen, is het tijd om juridisch advies in te winnen.

    c. **HR of Management Reageert Niet:** Als je de rapportageprocedures van je bedrijf hebt gevolgd en HR of het management heeft niet opgetreden, of als ze de giftige individuen beschermen, kan externe juridische hulp noodzakelijk zijn.

    d. **Impact op Fysieke of Mentale Gezondheid:** Als de giftige omgeving ernstige schade toebrengt aan je fysieke of mentale gezondheid en je vrij moet nemen of andere aanpassingen nodig hebt, kan een advocaat je helpen om ervoor te zorgen dat je rechten onder EU- en COA-arbeidswetten worden gehandhaafd.

2. Hoe Juridische Hulp in te Schakelen:

    a. **Raadpleeg een Arbeidsrechtadvocaat:** Arbeidsrechtadvocaten zijn gespecialiseerd in arbeidsrecht en kunnen je advies geven over hoe je verder moet gaan op basis van jouw situatie. Ze kunnen je helpen je wettelijke rechten te begrijpen, je door het documentatieproces leiden en je vertegenwoordigen bij juridische geschillen.

    b. **Presenteer je Documentatie: Wanneer je een:** ontmoeting hebt met juridische vertegenwoordiging, neem dan al je documentatie mee, inclusief verslagen van giftig gedrag, schriftelijke klachten aan HR of het management, en eventuele ontvangen reacties. Dit helpt je advocaat om de sterkte van je zaak te beoordelen.

    c. **Overweeg Bemiddeling of Arbitrage:** In sommige gevallen kunnen advocaten bemiddeling of arbitrage aanbevelen als een manier om geschillen op te lossen zonder naar de rechtbank te gaan. Bij bemiddeling werken beide partijen samen met een neutrale derde partij om tot een overeenkomst te komen, terwijl arbitrage een formeler proces is waarbij een arbiter een bindende beslissing neemt.

d. **Neem Juridische Actie:** Als bemiddeling mislukt of niet geschikt is, kan je advocaat je helpen een formele klacht of rechtszaak in te dienen tegen je werkgever. Dit kan claims omvatten voor onrechtmatig ontslag, discriminatie, intimidatie of schending van arbeidsveiligheidswetten.

Dit gedeelte biedt begeleiding over hoe je de juiste juridische vertegenwoordiging kunt vinden, wat je kunt verwachten tijdens het juridische proces en hoe je je rechten gedurende het proces kunt beschermen. Er wordt de nadruk gelegd op het belang van juridische stappen alleen nemen wanneer dat nodig is, maar je wordt ook aangemoedigd te weten dat je een uitweg hebt als de werkomgeving ondraaglijk wordt.

Detoxification: Toxic Work Atmosphere

Samenvatting van het Hoofdstuk

In dit hoofdstuk leer je over je wettelijke rechten onder de EU- en COA-wetgeving, zodat je begrijpt welke beschermingen beschikbaar zijn tegen discriminatie, intimidatie en onveilige werkomstandigheden op de werkplek. Je wordt door de stappen geleid om giftig gedrag op een juridisch correcte manier te documenteren en te melden, zodat je zaak geloofwaardiger en effectiever wordt. Ten slotte biedt het hoofdstuk een uitgebreide gids over wanneer en hoe je juridische hulp moet inroepen, inclusief advies van arbeidsrechtadvocaten en het overwegen van bemiddeling of juridische stappen indien nodig. Dit hoofdstuk stelt je in staat om op te komen voor je rechten in het licht van toxiciteit op de werkplek, met duidelijke stappen om jezelf wettelijk te beschermen.

HOOFDSTUK 8

Het Herkennen en Aanpakken van Discriminatie

Vormen van Discriminatie op de Werkplek (Geslacht, Ras, Leeftijd, enz.)

Discriminatie op de werkplek komt in verschillende vormen voor en kan zowel individuen als de algehele werkomgeving diep beïnvloeden. Discriminatie treedt op wanneer werknemers ongelijk of oneerlijk worden behandeld op basis van kenmerken die wettelijk beschermd zijn door antidiscriminatiewetten. Deze kenmerken omvatten, maar zijn niet beperkt tot, geslacht, ras, leeftijd, handicap, seksuele geaardheid, religie en etniciteit. Het begrijpen van de verschillende vormen van discriminatie is essentieel om te herkennen wanneer het zich voordoet en te weten hoe je het effectief kunt aanpakken.

Hier zijn enkele veelvoorkomende vormen van discriminatie op de werkplek:

a. **Geslachtsdiscriminatie:** Ongelijke behandeling op basis van geslacht, vaak te zien in loonkloof, uitsluiting van promoties of bevooroordeelde prestatiebeoordelingen. Dit kan ook seksuele intimidatie of ongepaste opmerkingen op basis van genderstereotypen omvatten.
b. **Raciale en Etnische Discriminatie:** Discriminatie op basis van iemands ras of etnische achtergrond, inclusief het niet in aanmerking komen voor promoties, ongelijke beloning, racistische opmerkingen of uitsluiting van professionele ontwikkelingsmogelijkheden. Dit strekt zich ook uit tot stereotypen of aannames over werkcapaciteiten op basis van ras.
c. **Leeftijdsdiscriminatie:** Vaak gericht op oudere werknemers, waarbij kansen op carrièregroei worden ontzegd vanwege percepties van "te oud" zijn voor bepaalde rollen, of juist jongere werknemers worden overgeslagen voor functies omdat ze als onervaren worden beschouwd.
d. **Handicapdiscriminatie:** Iemand oneerlijk behandelen vanwege een fysieke of mentale handicap, of het niet bieden van redelijke aanpassingen die hen in staat stellen hun taken effectief uit te voeren.
e. **Religieuze Discriminatie:** Discriminatie op basis van iemands religieuze overtuigingen of praktijken, waaronder straf krijgen voor het aanvragen van vrije dagen voor religieuze feestdagen, gedwongen worden om bepaalde praktijken te volgen, of worden lastiggevallen vanwege religieuze uitingen.
f. **Discriminatie op Basis van Seksuele Geaardheid en Genderidentiteit:** Deze vorm van discriminatie richt zich op individuen op basis van hun seksuele geaardheid of genderidentiteit. Voorbeelden zijn homofobe of transfobe opmerkingen, ongelijke behandeling bij aanwerving of promoties, en een vijandige werkomgeving voor LGBTQ+-werknemers.

Mercedes E.O. Monden

In dit gedeelte leer je over de verschillende manieren waarop discriminatie op de werkplek voorkomt en het belang van het begrijpen van deze categorieën om beter te herkennen wanneer jij of anderen oneerlijk worden behandeld.

Hoe Systemische Discriminatie te Herkennen

Systemische discriminatie verwijst naar diepgewortelde vooroordelen en ongelijke behandeling die zijn ingebed in het beleid, de praktijken en de cultuur van een organisatie. In tegenstelling tot individuele daden van discriminatie is systemische discriminatie vaak moeilijker te detecteren omdat het op een structureel niveau opereert. Het kan niet expliciet gaan om intimidatie of scheldwoorden, maar eerder om subtiele patronen van uitsluiting en vooroordelen die bepaalde groepen onevenredig beïnvloeden in de loop van de tijd.

Hier zijn enkele tekenen van systemische discriminatie:

a. **Ongelijke kansen voor vooruitgang:** Als bepaalde groepen (bijvoorbeeld vrouwen, minderheden, oudere werknemers) consequent worden overgeslagen voor promoties of leidinggevende posities, ondanks hun kwalificaties, kan dit een teken zijn van systemische vooroordelen.

b. **Loonongelijkheid:** Een aanhoudende loonkloof tussen werknemers van verschillende geslachten, rassen of andere beschermde categorieën is vaak een duidelijk teken van systemische discriminatie. Als mensen met vergelijkbare kwalificaties verschillend worden betaald, kunnen er onderliggende discriminerende praktijken in het spel zijn.

c. **Gebrek aan diversiteit in het leiderschap:** Als het leiderschap van een organisatie overweldigend homogeen is (bijvoorbeeld voornamelijk witte mannen), kan dit wijzen op systemische barrières die anderen ervan weerhouden leidinggevende posities te bereiken. Dit gebrek aan diversiteit kan discriminerende praktijken binnen de bedrijfscultuur in stand houden.

d. **Ongelijke disciplinaire maatregelen:** Als werknemers uit bepaalde groepen onevenredig vaak worden berispt, gedegradeerd of ontslagen, terwijl anderen mildere behandelingen krijgen voor vergelijkbaar gedrag, kan dit wijzen op systemische discriminatie.
e. **Stereotypering in taaktoewijzingen:** Werknemers uit bepaalde achtergronden kunnen worden vastgepind op specifieke rollen op basis van stereotypen, zoals vrouwen die meer administratieve taken krijgen of minderheden die minder zichtbare functies krijgen.
f. **Onbewuste vooroordelen in prestatiebeoordelingen:** Wanneer prestatiebeoordelingen consequent de voorkeur geven aan de ene groep boven de andere—hetzij in termen van lof, promotie of professionele ontwikkeling—kan dit wijzen op systemische vooroordelen in hoe werkprestaties worden beoordeeld.

In dit gedeelte onderzoeken we casestudy's en voorbeelden die laten zien hoe systemische discriminatie zich manifesteert in verschillende organisaties. Het herkennen van deze patronen is de eerste stap in het aanpakken van grotere structurele problemen binnen een organisatie, en dit hoofdstuk is ontworpen om je uit te rusten met de kennis om systemische vooroordelen vroegtijdig te signaleren.

Strategieën om Discriminerend Gedrag Juridisch en Intern Aan te Pakken

Het aanpakken van discriminatie op de werkplek kan ontmoedigend zijn, maar er zijn concrete stappen die je kunt nemen om het probleem zowel juridisch als binnen het bedrijf aan te pakken. Of je nu zelf discriminatie ervaart of het bij anderen ziet gebeuren, het begrijpen van je opties om het gedrag aan te pakken is de sleutel tot verandering.

Mercedes E.O. Monden

1. Discriminatie Intern Aanpakken:

a. **Spreek Vroegtijdig:** Als je je veilig voelt, spreek dan discriminerend gedrag direct aan bij de betrokken persoon. Soms komt discriminerend gedrag voort uit onwetendheid in plaats van kwaadwilligheid, en een respectvol gesprek kan het gedrag corrigeren voordat het escaleert.
b. **Meld het aan het Management of HR:** Als directe confrontatie geen optie is of het gedrag aanhoudt, meld het probleem dan bij je supervisor, manager of HR-afdeling. De meeste bedrijven hebben een antidiscriminatiebeleid en HR is verantwoordelijk voor het onderzoeken van deze klachten.
c. **Volg de Bedrijfsprocedures:** Zorg ervoor dat je de meldingsprocedures van je organisatie volgt bij het aanpakken van discriminatie. Dit kan inhouden dat je een formele klacht indient of deelneemt aan bemiddelingssessies. Houd schriftelijke verslagen bij van alle interacties, inclusief reacties van het management of HR.
d. **Zoek Bondgenoten:** Als anderen op je werk vergelijkbare discriminatie ervaren, overweeg dan samen het probleem te melden. Een groepsklacht is vaak moeilijker te negeren en kan het management aansporen sneller actie te ondernemen.

2. Juridische Strategieën om Discriminatie Aan te Pakken:

a. **Documenteer Incidenten:** Net als bij giftig gedrag is het essentieel om alle gevallen van discriminatie te documenteren. Noteer datums, tijden, wie erbij betrokken was, en eventuele getuigen of ondersteunend materiaal zoals e-mails of prestatiebeoordelingen die wijzen op bevooroordeelde behandeling.

Detoxification: Toxic Work Atmosphere

b. **Dien een Klacht In bij de Bevoegde Autoriteiten:** Als interne procedures het probleem niet oplossen, kun je het escaleren door een formele klacht in te dienen bij externe autoriteiten. In de EU kan dit bijvoorbeeld bij het arbeidsrechttribunaal van je land of de mensenrechtencommissie. Elk land heeft zijn eigen instanties voor de afhandeling van werkplaatsdiscriminatie, zoals de Equality and Human Rights Commission (EHRC) in het VK of het Bundesamt für Antidiskriminierung in Duitsland.

c. **Ken je Juridische Rechten:** Onder de EU-wetgeving ben je beschermd tegen discriminatie op basis van geslacht, ras, leeftijd, religie, handicap en andere beschermde kenmerken. Bovendien ben je beschermd tegen vergelding voor het melden van discriminatie. Als je werkgever probeert je te straffen door je te degraderen, ontslaan of op een andere manier te bestraffen, overtreedt hij de wet en heb je het recht om juridische stappen te ondernemen.

d. **Zoek Juridisch Advies:** Arbeidsrechtadvocaten zijn gespecialiseerd in discriminatiezaken en kunnen je adviseren over je opties, waaronder mogelijke schikkingen, arbitrage of rechtszaken. Ze kunnen je ook helpen de complexiteit van EU- en nationale antidiscriminatiewetten te navigeren om **ervoor te zorgen dat je rechten worden beschermd.**

e. **Overweeg Bemiddeling:** In sommige gevallen kan juridisch advies voorstellen om bemiddeling te gebruiken als een manier om het probleem op te lossen zonder naar de rechtbank te gaan. Bemiddeling stelt beide partijen in staat samen te komen met een neutrale derde partij om een oplossing te onderhandelen, die kan bestaan uit beleidswijzigingen, disciplinaire maatregelen of compensatie.

3. Escaleren via Publieke of Juridische Kanalen:

a. **Gebruik Klokkenluidersbescherming:** Als de discriminatie waarmee je te maken hebt deel uitmaakt van een groter, systemisch probleem, zoals fraude, juridische schendingen of wijdverspreide discriminerende praktijken, overweeg dan gebruik te maken van klokkenluidersbescherming. De EU-klokkenluidersrichtlijn (2019/1937) biedt bescherming tegen vergelding voor werknemers die misstanden binnen hun organisatie melden.
b. **Onderneem Juridische Actie**: Als alle interne en bemiddelingsopties mislukken, moet je mogelijk juridische stappen ondernemen via de rechtbank. Dit kan leiden tot rechtsmiddelen zoals compensatie voor gederfde inkomsten, boetes of wijzigingen in het bedrijfsbeleid en -praktijken om toekomstige discriminatie te voorkomen.

In dit gedeelte leer je praktische stappen om discriminatie aan te pakken, zowel intern via HR en management als extern via juridische stappen of klokkenluidersbescherming. Er worden sjablonen en richtlijnen verstrekt voor het indienen van formele klachten en hoe deze gesprekken professioneel en effectief te voeren.

Samenvatting van het Hoofdstuk:

In dit hoofdstuk leer je de verschillende vormen van discriminatie op de werkplek te herkennen, waaronder geslachts-, raciale-, leeftijds- en handicapdiscriminatie. Je leert ook hoe je systemische discriminatie kunt herkennen, die op een structureel niveau opereert, vaak via onbewuste vooroordelen en ongelijke kansen. Ten slotte biedt het hoofdstuk duidelijke, bruikbare strategieën om discriminerend gedrag aan te pakken—zowel intern via HR en management als extern via juridische stappen of klokkenluidersbescherming. Door het volledige scala aan je rechten en opties te begrijpen, ben je in staat om discriminatie aan te pakken en een inclusievere werkomgeving te bevorderen.

HOOFDSTUK 9

Racisme Bestrijden op de Werkplek

---··—•—··---

Het Aanhoudende Probleem van Raciale Discriminatie

Raciale discriminatie blijft een van de meest wijdverspreide vormen van ongelijkheid op de werkvloer, die werknemers van kleur zowel openlijk als subtiel treft. Ondanks de invoering van antidiscriminatiewetten blijft raciale vooringenomenheid zich manifesteren in verschillende aspecten van het professionele leven, van werving tot promotie, en zelfs in dagelijkse interacties. Raciale discriminatie creëert barrières voor minderheidswerknemers, niet alleen in hun carrièreontwikkeling, maar ook in het verkrijgen van een gevoel van erbij horen en respect op de werkplek.

Raciale discriminatie op de werkplek kan vele vormen aannemen, waaronder:

a. **Wervingsvooroordeel:** Werkgevers kunnen bewust of onbewust bepaalde raciale of etnische groepen bevoordelen tijdens de werving, wat kan leiden tot minder kansen voor gekwalificeerde kandidaten uit minderheidsgroepen. Dit wordt vaak weerspiegeld in een gebrek aan diversiteit in leidinggevende functies of belangrijke afdelingen.

b. **Ongelijke beloning en kansen:** Werknemers van kleur worden vaak geconfronteerd met loonverschillen, ondanks dat ze vergelijkbare kwalificaties en ervaring hebben als hun blanke collega's. Ze worden ook vaak overgeslagen voor promoties of prestigieuze projecten, wat raciale ongelijkheden binnen de organisatie versterkt.
c. **Vijandige werkomgeving:** Sommige werknemers worden geconfronteerd met openlijk racisme in de vorm van racistische scheldwoorden, denigrerende opmerkingen of uitsluiting van teamactiviteiten. Dit creëert een vijandige werkomgeving die kan leiden tot emotionele stress en verminderde betrokkenheid.
d. **Microagressies:** In tegenstelling tot openlijk racisme zijn microagressies subtiele, vaak onbewuste opmerkingen of handelingen die negatieve stereotypen of vooroordelen communiceren. Voorbeelden zijn het herhaaldelijk verkeerd uitspreken van iemands naam, aannames maken op basis van ras, of impliceren dat iemands succes het gevolg is van positieve discriminatie in plaats van hun eigen verdienste.

Het begrijpen van de vormen van raciale discriminatie is essentieel om de aanwezigheid ervan te herkennen en actie te ondernemen. Dit gedeelte bespreekt de verschillende manieren waarop racisme op de werkplek kan voorkomen en de systemische structuren die het in stand houden.

Echte Voorbeelden van Racisme op de Werkplek

Een van de meest effectieve manieren om het voortdurende probleem van racisme op de werkplek te illustreren, is door middel van echte voorbeelden. Deze verhalen laten zien hoe raciale discriminatie zich in verschillende sectoren en posities ontvouwt, en hoe dit de mentale gezondheid, carrièreontwikkeling en de algehele levenskwaliteit van werknemers beïnvloedt. De volgende casestudy's zijn representatieve voorbeelden van veelvoorkomende uitdagingen waarmee werknemers van kleur op de werkvloer te maken krijgen:

Mercedes E.O. Monden

Casus 1: Wervingsdiscriminatie in de Technische Sector

Een gekwalificeerde zwarte vrouw met een uitgebreide achtergrond in softwareontwikkeling solliciteerde naar meerdere functies bij een vooraanstaand technologiebedrijf. Ondanks haar kwalificaties werd ze gepasseerd voor rollen waarvoor ze goed geschikt was, terwijl minder ervaren blanke mannelijke kandidaten werden aangenomen. Na verschillende afwijzingen ontdekte ze via een voormalige collega dat interne discussies over haar "culturele fit" werden gebruikt om de beslissingen te rechtvaardigen, ondanks haar technische expertise. Het gebrek aan diversiteit in de personeelsbezetting van het bedrijf weerspiegelde systemische wervingsvooroordelen die minderheidskandidaten onevenredig troffen.

Casus 2: Microagressies in de Financiële Sector

Een Aziatisch-Amerikaanse werknemer bij een financieel bedrijf werd herhaaldelijk geconfronteerd met microagressies van collega's en managers, waaronder opmerkingen als "Je spreekt zo goed Engels voor iemand met jouw achtergrond" en aannames dat hij liever functies zou vervullen die betrekking hebben op data-analyse in plaats van klantcontact. Hoewel deze opmerkingen werden ingekleed als complimenten, versterkten ze schadelijke stereotypen en tastten ze zijn zelfvertrouwen aan in het nastreven van leidinggevende functies. Na verloop van tijd leidde het cumulatieve effect van deze microagressies ertoe dat hij zich steeds meer terugtrok uit zijn werk.

Casus 3: Loonverschillen in de Gezondheidszorg

Een zwarte verpleegkundige ontdekte dat ze aanzienlijk minder werd betaald dan haar blanke collega's, ondanks dat ze meer ervaring had en vergelijkbare kwalificaties. Toen ze het probleem aankaartte bij HR, kreeg ze afwijzende reacties en werd haar verteld dat haar prestatiebeoordelingen "gemiddeld" waren, hoewel ze consequent positieve feedback kreeg van patiënten en collega's. Deze ongelijke behandeling beïnvloedde haar niet alleen financieel, maar liet haar ook gedevalueerd en ongemotiveerd achter.

Deze voorbeelden uit de praktijk laten zien hoe racisme op zowel openlijke als subtiele manieren binnen organisaties opereert. Door te leren van deze casussen krijg je inzicht in hoe raciale discriminatie verschillende aspecten van het professionele leven beïnvloedt en het belang van het herkennen en aanpakken van deze onrechtvaardigheden.

Tools en Middelen om Racisme te Bestrijden in Jouw Organisatie

Het aanpakken en uitbannen van racisme op de werkplek vereist zowel individuele als collectieve inspanningen. Organisaties moeten zich inzetten voor het creëren van een inclusieve en eerlijke werkomgeving, en werknemers moeten toegang hebben tot de tools en middelen die nodig zijn om raciale discriminatie te confronteren en te bestrijden.

1. Diversiteit, Gelijkheid en Inclusie (DEI)-programma's:

DEI-programma's zijn ontworpen om een cultuur van inclusie te bevorderen door bewustzijn te creëren over raciale vooroordelen, diverse wervingspraktijken te bevorderen en kansen te bieden aan ondervertegenwoordigde groepen. Effectieve DEI-initiatieven omvatten:

a. Trainingen en workshops over het herkennen van onbewuste vooroordelen en racisme.
b. Mentorprogramma's die begeleiding en ondersteuning bieden aan werknemers van kleur.
c. Duidelijke diversiteitsdoelstellingen die regelmatig worden gemonitord en gerapporteerd.
d. Positieve discriminatiebeleid om gelijke kansen te waarborgen voor alle werknemers, vooral in leidinggevende en besluitvormingsrollen.

2. Werknemersnetwerken (Employee Resource Groups, ERG's):

ERG's zijn vrijwillige, door werknemers geleide groepen die zich richten op het creëren van een gevoel van gemeenschap voor minderheidswerknemers binnen een organisatie. Ze bieden een platform voor werknemers van kleur om hun zorgen te uiten, te netwerken en elkaar te ondersteunen, en bevorderen het bewustzijn van raciale kwesties binnen het bredere personeelsbestand. ERG's werken vaak nauw samen met HR en het management om beleidsveranderingen te beïnvloeden die diversiteit en inclusie bevorderen.

3. Antiracisme-training:

Antiracisme-training gaat verder dan bewustwording van diversiteit en richt zich actief op het aanpakken en ontmantelen van racistische structuren binnen de werkplek. Deze trainingssessies leren werknemers hoe racisme zich manifesteert in organisatorische praktijken en beleid, en geven hen de tools om racistische gedragingen en beslissingen aan te vechten. Antiracisme-training is een cruciale stap naar het creëren van een eerlijkere werkplek, waar alle werknemers zich veilig en gerespecteerd voelen.

4. Anonieme Meldsystemen:

Het hebben van een anoniem meldsysteem stelt werknemers in staat om incidenten van racisme of discriminatie te melden zonder angst voor vergelding. Deze systemen kunnen worden gebruikt om ongepast gedrag te signaleren, terugkerende problemen te documenteren en onderzoeken naar discriminerende praktijken op gang te brengen. Het is essentieel dat dergelijke systemen toegankelijk zijn en serieus worden genomen door het management.

5. Regelmatige Audits van Wervings- en Promotiepraktijken:

Organisaties moeten regelmatig audits uitvoeren van hun wervings-, promotie- en beloningspraktijken om eventuele patronen van raciale vooringenomenheid te identificeren. Dit kan inhouden dat diversiteitsstatistieken op verschillende niveaus van de organisatie worden bekeken, loongaps tussen raciale groepen worden geanalyseerd, en wordt beoordeeld of bepaalde groepen onevenredig worden getroffen door ontslagen of disciplinaire maatregelen. Transparantie in deze audits, gecombineerd met corrigerende maatregelen, kan een grote bijdrage leveren aan het aanpakken van systemisch racisme.

6. Inclusief Leiderschap:

Voor een zinvolle verandering is het essentieel dat het leiderschap zich inzet voor het bestrijden van racisme op alle niveaus van de organisatie. Leiders moeten worden getraind in het bevorderen van diversiteit en inclusie, actief input vragen van werknemers van kleur, en zichzelf verantwoordelijk houden voor het creëren van een eerlijke werkplek. Dit omvat ervoor zorgen dat mensen van kleur worden vertegenwoordigd in besluitvormende rollen en dat hun perspectieven worden gewaardeerd bij het vormgeven van bedrijfsbeleid.

7. Externe Middelen en Partnerschappen:

Veel organisaties werken samen met externe belangenorganisaties en adviesbureaus die gespecialiseerd zijn in antiracisme- en diversiteitsinitiatieven. Deze partnerschappen kunnen helpen om een objectief perspectief te bieden op hoe interne beleidsmaatregelen en praktijken kunnen worden verbeterd en bieden expertise op het gebied van effectieve antiracismestrategieën.

In dit gedeelte worden praktische tools en middelen besproken die kunnen worden gebruikt om racisme op de werkplek te bestrijden. Of het nu gaat om het pleiten voor sterkere DEI-programma's, het implementeren van anonieme meldsystemen, of het streven naar inclusief leiderschap, deze strategieën helpen werknemers en organisaties om actieve stappen te zetten naar het uitbannen van raciale discriminatie.

Mercedes E.O. Monden

Samenvatting van het Hoofdstuk

In dit hoofdstuk behandelen we het aanhoudende probleem van raciale discriminatie op de werkplek en bespreken we de manieren waarop dit zich manifesteert via wervingsvooroordelen, loongelijkheid, microagressies en vijandige werkomgevingen. Casussen uit het echte leven laten zien hoe racisme de mentale, financiële en professionele aspecten van werknemers beïnvloedt. Ten slotte biedt het hoofdstuk tools en middelen voor het bestrijden van racisme binnen organisaties, van DEI-programma's en werknemersnetwerken tot antiracisme-trainingen en anonieme meldsystemen. Door actief gebruik te maken van deze strategieën, kunnen zowel werknemers als leiders bijdragen aan het creëren van een rechtvaardigere en inclusievere werkomgeving.

HOOFDSTUK 10

Voor- en Nadelen van het Openbaar Maken van Toxiciteit

──── •• — • — •• ────

De Mogelijke Gevolgen van Klokkenluiden of Het Aankaarten van Toxisch Gedrag

Het openbaar maken van toxisch gedrag op de werkplek of het worden van een klokkenluider is een ingrijpende beslissing die verstrekkende gevolgen kan hebben. Hoewel het aan het licht brengen van toxisch gedrag kan leiden tot positieve veranderingen, zoals het creëren van een gezondere werkomgeving en het verantwoordelijk houden van individuen, zijn er ook risico's verbonden aan deze stap. Voordat je actie onderneemt, is het belangrijk om de mogelijke uitkomsten te begrijpen—zowel de positieve als de negatieve—zodat je een weloverwogen beslissing kunt nemen.

Mercedes E.O. Monden

Mogelijke Voordelen van het Openbaar Maken van Toxiciteit:

a. **Verandering Creëren:** Het onder de aandacht brengen van toxisch gedrag kan leiden tot verbeterde beleidsmaatregelen, betere leiderschapspraktijken en een gezondere werkomgeving. Dit kan niet alleen jou ten goede komen, maar ook je collega's, vooral degenen die zich misschien niet bevoegd voelen om zich uit te spreken.
b. **Verantwoordelijkheid Afdwingen:** Wanneer toxische managers of collega's ongecontroleerd blijven, blijven ze vaak schadelijk gedrag vertonen dat meer werknemers treft. Door het probleem aan te kaarten, creëer je een pad voor het management of HR om de situatie aan te pakken en individuen verantwoordelijk te houden voor hun acties.
c. **De Organisatie Versterken:** Toxiciteit heeft een negatieve invloed op de productiviteit, het moreel en het behoud van werknemers. Door het probleem aan te kaarten, kun je de organisatie helpen de problemen te erkennen en aan te pakken die mogelijk het algehele succes ondermijnen. In sommige gevallen is een bedrijf zich er niet van bewust hoe diep de toxiciteit reikt, en klokkenluiden kan zorgen voor een broodnodige wake-up call.
d. **Persoonlijke Empowerment:** Stelling nemen tegen toxiciteit kan je persoonlijk kracht geven, in de wetenschap dat je opkomt voor wat juist is. Veel mensen vinden voldoening en trots in het bestrijden van onrechtvaardig gedrag, ongeacht de uitkomst.

Mogelijke Nadelen van het Openbaar Maken van Toxiciteit:

a. **Vergelding:** Ondanks wettelijke bescherming worden klokkenluiders vaak geconfronteerd met vergelding van hun werkgevers of collega's. Dit kan zich uiten in degradaties, uitsluiting van belangrijke projecten, negatieve prestatiebeoordelingen of zelfs ontslag. Sommige organisaties kunnen proberen de klokkenluider het zwijgen op te leggen of in diskrediet te brengen, waardoor het moeilijk wordt om in dezelfde omgeving te blijven werken.

b. **Verstoorde Relaties:** Het blootleggen van toxisch gedrag kan relaties met collega's onder druk zetten, vooral als anderen medeplichtig zijn of bang zijn om met de kwestie in verband te worden gebracht. Je kunt geconfronteerd worden met sociale isolatie, verminderde samenwerking of vijandigheid van degenen die zich bedreigd voelen door de openbaring.

c. **Invloed op je Carrière:** Afhankelijk van hoe de situatie zich ontvouwt, kan het klokkenluiden je carrière beïnvloeden. In sommige gevallen kan de persoon zich gedwongen voelen de organisatie te verlaten of moeite hebben met het vinden van een nieuwe baan, vooral als hun reputatie wordt geschaad door het spreken over de problemen.

d. **Emotionele en Psychologische Stress:** Het proces van het openbaar maken van toxiciteit, vooral als het juridische stappen of langdurige conflicten met zich meebrengt, kan emotioneel uitputtend zijn. Omgaan met vergelding, werkplekpolitiek en de onzekerheid van de uitkomst kan bijdragen aan stress, angst of burn-out.

Dit gedeelte biedt voorbeelden uit de praktijk van de voor- en nadelen die klokkenluiders en degenen die toxisch gedrag hebben aangekaart, hebben ervaren in hun organisaties. Door het volledige spectrum van mogelijke gevolgen te begrijpen, kun je een beter geïnformeerde beslissing nemen voordat je actie onderneemt.

Mercedes E.O. Monden

Hoe Je de Risico's en Voordelen van het Spreken kunt Afwegen

Het besluit om je uit te spreken over toxiciteit op de werkplek is een persoonlijke keuze, en het is belangrijk om de risico's en voordelen zorgvuldig af te wegen. Hoewel de beslissing om toxisch gedrag aan het licht te brengen afhangt van je specifieke omstandigheden, zijn er enkele belangrijke factoren waarmee je rekening moet houden bij het maken van je keuze.

1. **Beoordeel de Ernst van de Toxiciteit:** Veroorzaakt het gedrag of de omgeving schade aan je mentale of fysieke gezondheid, of die van anderen? Hoe wijdverspreid is de toxiciteit, en hoelang duurt het al? Als de toxiciteit ernstig is of meerdere mensen treft, kunnen de voordelen van het blootleggen van het probleem zwaarder wegen dan de risico's.

2. **Overweeg je Positie:** Heb je de invloed of steun om het probleem effectief aan te pakken? Soms zijn degenen in leidinggevende posities of met sterkere netwerken beter in staat om toxiciteit aan te kaarten met minder risico op vergelding. Daarentegen kunnen de risico's groter zijn als je in een kwetsbare positie verkeert (bijv. nieuw in het bedrijf, in een niet-permanente rol).

3. **Bekijk de Bedrijfscultuur:** Evalueer hoe je organisatie omgaat met conflicten, klokkenluiden of kwesties van toxiciteit. Heeft het bedrijf een geschiedenis van het ondersteunen van werknemers die zich uitspreken, of worden klokkenluiders vaak verguisd of genegeerd? Een bedrijf met een transparant, ondersteunend HR-proces zal meldingen van toxiciteit waarschijnlijk beter behandelen dan een bedrijf met een meer gesloten of strafgerichte cultuur.

Detoxification: Toxic Work Atmosphere

4. **Identificeer Juridische Bescherming:** Onderzoek je wettelijke bescherming onder arbeidswetten, zoals klokkenluidersbescherming of antivergeldingswetten. In de EU bijvoorbeeld zorgt de Klokkenluidersrichtlijn (Whistleblower Protection Directive) ervoor dat werknemers die illegale of onethische activiteiten melden, worden beschermd tegen vergelding. Het kennen van je rechten kan je helpen bepalen of je in een sterke positie verkeert om toxiciteit te melden.

5. **Evalueer de Invloed op je Carrière:** Overweeg hoe het zich uitspreken je professionele toekomst kan beïnvloeden. Zal het blootleggen van toxiciteit je werkomgeving verbeteren en nieuwe kansen openen? Of kan het leiden tot verstoorde relaties, degradaties of zelfs baanverlies? Hoewel het belangrijk is om met integriteit te handelen, is het ook van belang om na te denken over je langetermijn carrièredoelen.

6. **Plan voor Worst-Case Scenario's:** Voordat je je uitspreekt, moet je je voorbereiden op de ergste uitkomsten. Wat doe je als je wordt geconfronteerd met vergelding, zoals een degradatie of baanverlies? Het hebben van een exit-strategie of een noodplan, zoals het verkennen van nieuwe kansen of het opbouwen van een sterk netwerk van professionele contacten, kan je gemoedsrust geven.

Door de risico's en voordelen zorgvuldig af te wegen, kun je een weloverwogen beslissing nemen over of het openbaar maken van de toxiciteit de mogelijke gevolgen waard is. Dit gedeelte biedt praktische oefeningen en besluitvormingskaders om je te helpen bij dit proces.

Mercedes E.O. Monden

Allianties en Steunsystemen Opbouwen op de Werkplek

Wanneer je je voorbereidt om toxisch gedrag op de werkplek aan te pakken, is het opbouwen van allianties en steunsystemen cruciaal. Je hoeft dit proces niet alleen door te maken. Door een netwerk van collega's op te bouwen die jouw zorgen delen of je waarden ondersteunen, creëer je een buffer van steun die je kan helpen de uitdagingen van het openbaar maken van toxiciteit te doorstaan.

Hier zijn belangrijke strategieën voor het opbouwen van allianties en steunsystemen:

1. **Vind Gelijkgestemde Collega's:** Als jij toxisch gedrag ervaart, is de kans groot dat anderen dat ook doen. Zoek contact met collega's die je vertrouwt en kijk of zij soortgelijke zorgen hebben. Soms kan het samenbrengen van een groep mensen met gedeelde ervaringen je melding meer gewicht geven en een verenigd front creëren.
2. **Sluit je aan bij of Start Werknemersnetwerken (ERG's):** Veel organisaties hebben werknemersnetwerken die zich richten op diversiteit, inclusie en welzijn van werknemers. Door lid te worden van deze groepen krijg je steun, middelen en advies van anderen die met vergelijkbare problemen te maken hebben gehad. Als jouw organisatie dergelijke groepen niet heeft, overweeg dan om er zelf een op te richten met de hulp van HR of het management.
3. **Raadpleeg HR of Management Vroegtijdig:** Indien mogelijk, schakel HR of het management vroeg in bij het aanpakken van toxiciteit. Zij kunnen mogelijk advies geven over de beste manier om de situatie aan te pakken, inclusief bemiddeling of andere conflictoplossingsinstrumenten. Zorg ervoor dat je deze gesprekken documenteert en formele procedures volgt om verantwoording te waarborgen.

4. **Zoek Mentoren of Adviseurs:** Het hebben van mentoren of adviseurs, zowel binnen als buiten je organisatie, kan van onschatbare waarde zijn bij het navigeren door werkplektoxiciteit. Deze mensen kunnen objectief advies geven, je helpen bij het bedenken van strategieën en je ondersteunen terwijl je verdergaat.
5. **Maak Gebruik van Externe Netwerken:** Het opbouwen van allianties buiten je directe werkplek kan ook nuttig zijn. Netwerken met professionals in je branche of lid worden van beroepsorganisaties geeft je perspectief, advies en mogelijk zelfs alternatieve kansen als dingen niet verbeteren in je huidige functie.
6. **Gebruik Juridisch Advies als Steunsysteem:** In gevallen waarin je denkt dat je een aanzienlijk risico loopt op vergelding, kan het inschakelen van juridische bijstand in een vroeg stadium je rechten helpen beschermen. Een advocaat kan je adviseren over hoe je je werkgever kunt benaderen, incidenten correct kunt documenteren en juridische stappen kunt ondernemen indien nodig.
7. **Zorg voor Jezelf en Emotionele Ondersteuning:** Het aanpakken van werkplektoxiciteit kan emotioneel zwaar zijn, dus het is belangrijk om voor je mentale gezondheid te zorgen. Zorg voor zelfzorgpraktijken die je helpen stress en angst te beheersen, en steun op je persoonlijke ondersteuningssystemen—vrienden, familie of een therapeut—om je te helpen omgaan met de emotionele last van het uitspreken.

Mercedes E.O. Monden

Samenvatting van het Hoofdstuk

In dit hoofdstuk leer je over de voor- en nadelen van het openbaar maken van toxiciteit op de werkplek. Hoewel het aan het licht brengen van toxisch gedrag kan leiden tot positieve veranderingen, zoals het verantwoordelijk houden van individuen en het verbeteren van de werkomgeving, kan het ook risico's met zich meebrengen, zoals vergelding en schade aan je carrière. Het hoofdstuk is ontworpen om je te begeleiden door het proces van het afwegen van de risico's en voordelen van het uitspreken, en biedt strategieën voor het opbouwen van allianties en steunsystemen op de werkplek. Het benadrukt het belang van een netwerk van collega's, mentoren en externe middelen om de uitdagingen van het openbaar maken van toxiciteit te overwinnen.

HOOFDSTUK 11

Herstellen na de Toxiciteit

Wat te Doen na het Verlaten van een Toxische Werkplek

Het verlaten van een toxische werkplek kan zowel een opluchting als een uitdaging zijn. Hoewel je jezelf uit een ongezonde omgeving hebt verwijderd, kunnen de effecten van de toxiciteit nog steeds emotioneel, mentaal en zelfs fysiek blijven hangen. De eerste stap na het verlaten van een toxische werkplek is het erkennen van het belang van tijd nemen om te herstellen en tot rust te komen.

Hier zijn enkele praktische stappen die je kunt nemen nadat je een toxische werkplek hebt verlaten:

1. Neem de Tijd om te Reflecteren: Het is belangrijk om even stil te staan bij je ervaring. Dit gaat niet over het vasthouden aan negativiteit, maar over begrijpen wat er is gebeurd, wat je hebt geleerd van de situatie en hoe het je heeft beïnvloed. Reflecteren op je ervaring stelt je in staat om het te verwerken en te identificeren wat er geheeld moet worden. Stel jezelf vragen zoals:

    a. Welke patronen van toxiciteit waren aanwezig?
    b. Hoe ben ik met deze uitdagingen omgegaan?

c. Wat zou ik in toekomstige situaties anders kunnen doen?

2. Ontkoppelen en Ontspannen: Toxische werkomgevingen zijn uitputtend en laten je vaak emotioneel en fysiek uitgeput achter. Neem na je vertrek de tijd om te ontspannen—of dat nu betekent dat je een pauze neemt, op reis gaat of jezelf gewoon een periode van rust en herstel gunt. Door afstand te nemen van de toxische omgeving kun je perspectief en energie terugkrijgen voor de toekomst.

3. Herstel je Identiteit: Toxische werkplekken ontnemen vaak het zelfvertrouwen en het gevoel van professionele identiteit van werknemers. Begin het proces van wederopbouw door opnieuw contact te maken met je sterke punten, waarden en passies. Reflecteer op wat jou professioneel drijft en hoe je opnieuw contact kunt maken met je doelen op een manier die overeenkomt met je waarden.

4. Werk je Cv en Vaardigheden Bij: Na je vertrek is het een goed moment om je cv bij te werken en je prestaties in je vorige functie te benadrukken, ondanks de uitdagingen van de omgeving. Als je het gevoel hebt dat de toxiciteit je groei heeft belemmerd, overweeg dan om cursussen te volgen of certificeringen te behalen die je vaardigheden kunnen verbeteren en je kansen in je volgende functie kunnen vergroten.

5. Netwerk en Herstel Relaties: Het herstellen na een toxische werkomgeving kan soms isolerend aanvoelen, vooral als je gespannen relaties had met voormalige collega's. Begin opnieuw contact te maken met je professionele netwerk en neem contact op met voormalige collega's of mentoren die niet deel uitmaakten van de toxische omgeving. Bezoek branche-evenementen of sluit je aan bij professionele organisaties om opnieuw in contact te komen met de bredere gemeenschap binnen je vakgebied.

Dit gedeelte helpt je bij het doorlopen van de praktische en emotionele stappen na het verlaten van een toxische werkplek, zodat je je kunt concentreren op herstel en het herwinnen van je professionele basis.

Hoe je Mentaal en Professioneel kunt Genezen en Vooruit kunt Komen

Genezing na een toxische werkervaring is essentieel voor zowel je mentale welzijn als toekomstig carrière succes. Toxische omgevingen kunnen diepe emotionele wonden achterlaten die invloed hebben op je zelfvertrouwen, vertrouwen in anderen en je algehele kijk op werk. Vooruitgang boeken vereist een bewuste aanpak van zowel mentale genezing als professionele heruitvinding.

1. Erken de Emotionele Impact: Toxische werkplekken kunnen een aanzienlijke emotionele tol eisen. Erken de gevoelens van frustratie, woede of pijn die je mogelijk hebt ervaren. Het onderdrukken van deze emoties kan leiden tot burn-out of je vermogen om toekomstige collega's te vertrouwen beïnvloeden. Geef jezelf de ruimte om te voelen, te verwerken en te herstellen van deze ervaringen.

2. Zoek Professionele Ondersteuning: Therapie of counseling kan van onschatbare waarde zijn om je te helpen de emotionele nasleep van een toxische werkplek te verwerken. Een professionele hulpverlener kan je helpen om de ervaring te verwerken, zelfvertrouwen op te bouwen en copingmechanismen aan te leren voor toekomstige uitdagingen.

3. Herstel je Zelfvertrouwen: Toxische werkomgevingen ondermijnen vaak het zelfvertrouwen, waardoor je gaat twijfelen aan je capaciteiten en waarde. Focus op het herstellen van je zelfvertrouwen door:

    a. Het herkennen en vieren van je sterke punten en prestaties.
    b. Het stellen van kleine, haalbare doelen die je een gevoel van controle en bekwaamheid geven.
    c. Activiteiten te ondernemen die je leuk vindt en die je herinneren aan je waarde buiten je werk om.

4. **Beoefen Zelfzorg:** Genezing is niet alleen een mentaal proces, maar ook een fysiek proces. Doe aan zelfzorgpraktijken die zowel je lichaam als geest voeden, zoals sporten, mediteren, dagboek schrijven of hobby's die je vreugde en ontspanning brengen. Dit helpt stress te verminderen en je energie te vernieuwen voor de volgende fase van je carrière.

5. **Herdefinieer je Carrièrepad:** Neem na het verlaten van een toxische omgeving de tijd om je carrièredoelen opnieuw te definiëren. In wat voor soort werkomgeving wil je werken? Wat voor soort bedrijfscultuur sluit aan bij jouw waarden? Dit is een kans om een professionele weg in te slaan die prioriteit geeft aan zowel je welzijn als je carrière-ambities.

6. **Oefen Vergeving:** Hoewel het moeilijk kan zijn, kan het leren vergeven van degenen die hebben bijgedragen aan de toxiciteit een belangrijke stap zijn om vooruit te komen. Vergeven betekent niet dat je het gedrag goedkeurt of vergeet, maar het loslaten van de emotionele greep die het op je heeft, waardoor je je kunt concentreren op je toekomst in plaats van te blijven hangen in negatieve gevoelens over het verleden.

Dit gedeelte biedt je actiegerichte stappen en technieken om zowel emotioneel als professioneel te herstellen, zodat je op een gezonde en krachtige manier verder kunt gaan na de toxiciteit.

Een Positieve Werkplek Vinden: Rode en Groene Vlaggen

Nu je verder gaat en op zoek bent naar nieuwe kansen, is het belangrijk om de rode en groene vlaggen te herkennen die je kunnen helpen de cultuur en gezondheid van toekomstige werkplekken te evalueren. Weten waar je op moet letten, zorgt ervoor dat je een omgeving vindt waarin je zowel persoonlijk als professioneel kunt gedijen.

Rode Vlaggen: Waarschuwingssignalen van een potentieel toxische werkomgeving:

1. **Hoge Omloopsnelheid:** Als een organisatie een hoge omloopsnelheid heeft, kan dit een teken zijn van onderliggende problemen zoals slecht management, gebrek aan ondersteuning of een toxische cultuur.
2. **Negatieve Beoordelingen op Werkgeverswebsites:** Websites zoals Glassdoor of Indeed bevatten vaak beoordelingen van huidige en voormalige werknemers. Consistent negatieve feedback over leiderschap, cultuur of managementpraktijken is een rode vlag.
3. **Vage of Inconsistente Communicatie:** Let tijdens het sollicitatieproces op hoe het bedrijf communiceert. Als functierollen, verwachtingen of beleid vaag zijn of vaak veranderen, kan dit duiden op een gebrek aan organisatie of transparantie.
4. **Overwerkte en Ontevreden Werknemers**: Let tijdens sollicitatiegesprekken of bezoeken aan het kantoor op de sfeer. Als werknemers ongeïnteresseerd, gestrest of overwerkt lijken, kan dit een teken zijn dat het bedrijf productiviteit boven het welzijn van de werknemers stelt.
5. **Micromanagement:** Stel tijdens het sollicitatieproces vragen over leiderschapsstijlen en autonomie. Bedrijven die de nadruk leggen op rigide controle en frequente monitoring, kunnen een probleem met micromanagement hebben, wat kan bijdragen aan toxiciteit.
6. **Gebrek aan Diversiteit:** Als een organisatie weinig diversiteit heeft in het leiderschap of in de afdelingen, kan dit een teken zijn van systemische vooroordelen of een exclusieve bedrijfscultuur die geen inclusie of respect voor verschillende perspectieven bevordert.

Mercedes E.O. Monden

Groene Vlaggen: Tekenen van een gezonde en positieve werkomgeving:

1. **Tevreden Werknemers: Positieve** beoordelingen van huidige werknemers, lage omloopsnelheid en een sterk gevoel van betrokkenheid en tevredenheid zijn indicatoren van een ondersteunende en gezonde werkcultuur.
2. *Ondersteuning voor Werk-Privébalans:* Bedrijven die flexibele werkregelingen, redelijke verwachtingen over werkuren en respect voor persoonlijke tijd benadrukken, geven vaak prioriteit aan het welzijn van werknemers.
3. **Kansen voor Groei en Ontwikkeling:** Organisaties die investeren in de ontwikkeling van werknemers door middel van trainingen, mentorprogramma's en duidelijke carrièrepaden tonen betrokkenheid bij het langetermijnsucces van hun werknemers.
4. **Inclusieve en Diverse Werkplek:** Een divers leiderschapsteam en een cultuur die inclusiviteit omarmt, zijn sterke indicatoren dat het bedrijf waarde hecht aan verschillende perspectieven en een respectvolle omgeving bevordert.
5. **Positief Leiderschap**: Leiders die de nadruk leggen op communicatie, transparantie en ondersteuning van hun werknemers, staan vaak aan de basis van positieve werkculturen. Vraag tijdens je sollicitatiegesprekken naar leiderschapsstijlen om te beoordelen of het bedrijf een cultuur van vertrouwen en empowerment bevordert.
6. **Sterke Ondersteuningssystemen:** Bedrijven die middelen voor geestelijke gezondheid, werknemershulpverleningsprogramma's (EAP's) en open kanalen voor feedback bieden, laten zien dat ze investeren in het welzijn van hun werknemers.

Samenvatting van het Hoofdstuk

In dit hoofdstuk leer je wat je moet doen na het verlaten van een toxische werkplek, van reflecteren op je ervaring tot het herwinnen van je professionele identiteit. Het hoofdstuk biedt praktische stappen voor het genezen en verdergaan, zowel mentaal als professioneel, met de nadruk op zelfzorg, het herstellen van zelfvertrouwen en het herdefiniëren van carrièredoelen. Tot slot krijg je inzicht in het vinden van een positieve werkomgeving door tijdens de zoektocht naar een nieuwe baan rode en groene vlaggen te herkennen, zodat je een werkplek vindt die je groei, welzijn en langetermijnsucces ondersteunt.

HOOFDSTUK 12

Toxiciteit Voorkomen in de Toekomst

―•―•―•―

Hoe Organisaties Gezonde en Positieve Werkomgevingen Kunnen Creëren

Het voorkomen van toxiciteit op de werkvloer vereist gerichte inspanningen van organisaties op elk niveau. Een gezonde werkplek is niet alleen de afwezigheid van negativiteit; het is een plek waar werknemers zich gewaardeerd, gesteund en empowered voelen om te slagen. Bedrijven die actief zulke omgevingen bevorderen, profiteren van een hogere moraal onder medewerkers, een toename in productiviteit en een lager personeelsverloop. Hier zijn enkele belangrijke stappen die organisaties kunnen nemen om een positieve werkplek te creëren en te behouden:

1. Stel Duidelijke Waarden en Ethische Richtlijnen op:

Organisaties moeten sterke kernwaarden definiëren en promoten die respect, inclusie en samenwerking centraal stellen. Wanneer deze waarden duidelijk worden gecommuniceerd en geïntegreerd in dagelijkse praktijken, zullen medewerkers hun gedrag er waarschijnlijker mee in lijn brengen. Ethische richtlijnen die acceptabel en onacceptabel gedrag definiëren, moeten onderdeel zijn van de gedragscode van het bedrijf en regelmatig worden versterkt.

2. Bevorder Transparantie en Open Communicatie:

Een transparante werkcultuur bevordert vertrouwen tussen werknemers en management. Organisaties moeten open communicatiekanalen creëren waarin medewerkers hun zorgen kunnen uiten, vragen kunnen stellen en feedback kunnen geven zonder angst voor vergelding. Regelmatige check-ins, enquêtes en een open-deurbeleid helpen ervoor te zorgen dat problemen vroegtijdig worden aangepakt voordat ze escaleren tot toxiciteit.

3. Moedig Werk-Leven Balans aan:

Een ondersteunende werkomgeving waardeert de persoonlijke tijd en het welzijn van medewerkers. Flexibele werkschema's, opties voor thuiswerken en respect voor grenzen na werktijd bevorderen een gezonde werk-leven balans. Organisaties moeten ook vermijden werknemers te overbelasten met onrealistische verwachtingen, wat kan leiden tot burn-out.

4. Creëer Inclusieve en Diverse Werkplekken:

Inclusie is een belangrijke factor in het voorkomen van toxiciteit. Organisaties die diversiteit en inclusie hoog in het vaandel hebben, creëren een cultuur waarin alle werknemers zich gerespecteerd en gewaardeerd voelen, ongeacht hun achtergrond. Dit omvat het aanpakken van onbewuste vooroordelen bij werving, promotie en dagelijkse interacties. Het aanmoedigen van diversiteit in denkbeelden, ervaringen en perspectieven versterkt creativiteit en samenwerking.

5. Bied Ondersteuningsbronnen voor Werknemers aan:

Gezonde werkplekken bieden middelen die het welzijn van werknemers ondersteunen, zoals geestelijke gezondheidsprogramma's, werknemersondersteuningsprogramma's (EAP's) en toegang tot counseling of therapie. Deze programma's laten werknemers zien dat hun geestelijke gezondheid wordt gewaardeerd en bieden noodzakelijke ondersteuning voor degenen die persoonlijke of professionele uitdagingen ondergaan.

6. Moedig Positief Leiderschap aan:

Toxiciteit begint vaak aan de top. Organisaties moeten leiderschapsstijlen bevorderen die empathie, communicatie en ondersteuning benadrukken. Positief leiderschap richt zich op het begeleiden van medewerkers, het aanmoedigen van professionele groei en het erkennen van prestaties. Training voor leidinggevenden over het omgaan met conflicten, het geven van constructieve feedback en het bevorderen van een samenwerkende omgeving is cruciaal om een positieve werkcultuur te creëren.

Deze sectie beschrijft hoe organisaties positieve werkplekken kunnen bouwen en behouden door deze strategieën toe te passen, wat leidt tot langetermijn-cultuurgezondheid en medewerkerstevredenheid.

Training voor Managers en Medewerkers over het Herkennen en Voorkomen van Toxiciteit

Training is een essentieel hulpmiddel bij het voorkomen van toxiciteit op de werkvloer. Zowel managers als medewerkers moeten worden uitgerust met de kennis en vaardigheden om toxisch gedrag te identificeren, aan te pakken en te voorkomen voordat het zich ontwikkelt. Investeren in regelmatige trainingen bevordert een proactieve benadering van de werkcultuur in plaats van een reactieve.

1. Bewustwordingstraining voor Managers:

Managers spelen een cruciale rol in het bepalen van de toon op de werkplek. Ze moeten worden getraind om toxisch gedrag bij zichzelf en anderen te herkennen. Belangrijke aandachtsgebieden zijn onder meer:

- Het herkennen van tekenen van toxisch gedrag: Begrijpen hoe toxische gedragingen zoals micromanagement, uitsluiting, vriendjespolitiek en pesten zich manifesteren.
- Conflictoplossingsvaardigheden: Managers moeten leren hoe ze conflicten constructief kunnen aanpakken en kleine meningsverschillen kunnen voorkomen dat ze uitgroeien tot grotere problemen.
- Effectieve communicatie: Managers trainen om open te communiceren, duidelijke verwachtingen te scheppen en constructieve feedback te geven op een manier die groei bevordert in plaats van defensiviteit.
- Psychologische veiligheid creëren: Managers moeten omgevingen creëren waarin medewerkers zich veilig voelen om hun ideeën en zorgen te delen zonder angst voor negatieve gevolgen.

2. Preventietraining voor Medewerkers:

Werknemers hebben ook hulpmiddelen nodig om toxiciteit binnen hun teams te voorkomen. Deze training helpt een cultuur van verantwoordelijkheid te creëren waarin iedereen een rol speelt in het handhaven van een positieve omgeving. Belangrijke aandachtsgebieden zijn onder meer:

- Het herkennen van toxisch gedrag: Medewerkers leren hoe ze vroege tekenen van toxiciteit bij zichzelf of hun collega's kunnen herkennen.
- Zelfbewustzijn oefenen: Werknemers aanmoedigen om na te denken over hun eigen gedrag en hoe dit bijdraagt aan de sfeer op de werkplek, zowel positief als negatief.
- Communicatie- en conflictoplossingsvaardigheden ontwikkelen: Werknemers in staat stellen om interpersoonlijke conflicten met respect en professionaliteit aan te pakken, in plaats van wrok te laten opbouwen.

- Samenwerking en teambuilding bevorderen: Medewerkers trainen over de waarde van samenwerking, inclusie en diversiteit van gedachten, wat kan helpen om verdeeldheid en kliekjesvorming te voorkomen.

3. Doorlopende Training en Ontwikkeling:

Organisaties moeten regelmatig trainingssessies implementeren over werkcultuur, toxiciteitspreventie en leiderschapsontwikkeling. Dit zorgt ervoor dat nieuwe medewerkers worden geïntroduceerd in de culturele waarden van het bedrijf, en dat langdurige medewerkers eraan herinnerd worden hoe belangrijk het is om een positieve, ondersteunende omgeving te behouden.

Door het implementeren van trainingsprogramma's voor managers en medewerkers kunnen organisaties een cultuur opbouwen waarin toxisch gedrag snel wordt geïdentificeerd en aangepakt, wat leidt tot een respectvolle, productieve werkplek voor iedereen.

Jouw Rol in het Behouden van een Gezonde Werkcultuur Waar je Ook Gaat

Als individuele werknemer speel je een cruciale rol in het behouden en bijdragen aan een positieve werkcultuur. Hoewel organisatiebeleid en leiderschap het kader bepalen, worden de dagelijkse interacties en houdingen van elke werknemer weerspiegeld in de algehele omgeving. Of je nu een manager, teamlid of nieuwe medewerker bent, jij hebt de macht om de werkplek positief te beïnvloeden.

1. Wees een Rolmodel voor Positief Gedrag:

> Geef het goede voorbeeld in je interacties met anderen. Toon respect, empathie en professionaliteit in al je communicatie, en bevorder samenwerking in plaats van competitie. Wanneer anderen consequent positief gedrag zien, zullen ze dit sneller volgen.

2. Bevorder Open Communicatie:

Moedig eerlijke en transparante communicatie aan binnen je team. Als er problemen ontstaan, pak ze dan direct maar respectvol aan, met de focus op oplossingen in plaats van schuld. Wees open voor feedback en creëer een omgeving waarin je collega's zich comfortabel voelen om hun gedachten en ideeën te delen.

3. Oefen Zelfreflectie en Verantwoordelijkheid:

Reflecteer regelmatig op je gedrag en hoe dit je collega's beïnvloedt. Zijn er gebieden waarin je kunt verbeteren op het gebied van samenwerking, communicatie of conflictoplossing? Verantwoordelijkheid nemen voor je acties en streven naar persoonlijke groei is een essentieel onderdeel van het behouden van een gezonde werkplek.

4. Draag Bij aan een Inclusieve Omgeving:

Wees een pleitbezorger van inclusie en diversiteit. Ondersteun collega's uit verschillende achtergronden, zorg ervoor dat iedereen een stem heeft en spreek uitsluitingsgedrag tegen wanneer je het ziet. Een gevoel van verbondenheid creëren voor alle werknemers is de sleutel tot een bloeiende werkcultuur.

5. Moedig Anderen aan en Ondersteun Hen:

Een positieve werkomgeving gedijt op wederzijdse ondersteuning. Erken en vier de prestaties van je collega's, bied hulp wanneer dat nodig is en versterk elkaar in plaats van elkaar neer te halen. Wanneer werknemers zich gesteund voelen door hun collega's, nemen de moraal en productiviteit toe.

6. Wees Proactief in het Aanpakken van Toxiciteit:

Negeer toxisch gedrag niet wanneer je het ziet. Hoewel het ongemakkelijk kan zijn, voorkomt het vroegtijdig aanpakken van toxiciteit dat het zich verspreidt. Spreek respectvol op wanneer je toxisch gedrag ziet, of het nu gaat om pesten, uitsluiting of oneerlijke behandeling. Moedig anderen aan hetzelfde te doen en wees een stem voor positieve verandering.

7. Doe Mee aan Initiatieven voor Cultuuropbouw:

Betrek jezelf bij initiatieven die een positieve werkcultuur bevorderen, of het nu gaat om het deelnemen aan een werknemersgroep, het organiseren van teambuildingactiviteiten of het aanbieden van ideeën voor werkplekverbetering. Een actieve rol spelen in het opbouwen van cultuur versterkt je band met de organisatie en bevordert een gevoel van gemeenschap.

In deze sectie benadruk ik het belang van individuele verantwoordelijkheid in het onderhouden van een positieve werkomgeving. Door proactief, zelfbewust en ondersteunend te zijn, draag je bij aan een gezondere, prettigere werkplek voor jezelf en anderen.

Samenvatting van het Hoofdstuk:

In dit laatste hoofdstuk leer je hoe organisaties positieve werkomgevingen kunnen creëren en behouden, inclusief het belang van transparantie, inclusie, werk-leven balans en ondersteuningsprogramma's voor werknemers. Dit hoofdstuk belicht ook de waarde van training voor managers en medewerkers in het herkennen en voorkomen van toxiciteit, en biedt praktische manieren om een cultuur van verantwoordelijkheid en respect te implementeren. Tot slot word je aangemoedigd om je eigen rol te begrijpen in het behouden van een gezonde werkcultuur, met praktische stappen om het goede voorbeeld te geven, communicatie te bevorderen, diversiteit te ondersteunen en proactief te zijn in het voorkomen van toxiciteit, waar je ook gaat werken.

CONCLUSIE

De Weg naar een Gezond Werkleven

De Voortdurende Reis om je Werkatmosfeer te Ontgiften.

Het ontgiften van een werkomgeving, of dit nu als individu of als onderdeel van een organisatie gebeurt, is geen eenmalige gebeurtenis maar een voortdurende reis. Toxiciteit op de werkvloer groeit vaak subtiel, en het aanpakken ervan vereist consistente inspanning, bewustzijn en de toewijding om een gezondere cultuur te bevorderen. Terwijl je vooruitgaat, is het belangrijk om te onthouden dat zowel persoonlijke verantwoordelijkheid als collectieve actie essentiële rollen spelen in het creëren en behouden van een positieve werkomgeving.

De reis om je werkatmosfeer te ontgiften begint met zelfbewustzijn. Het herkennen van hoe je acties, houding en communicatiestijl bijdragen aan de werkcultuur is de sleutel. Vanaf daar kun je je richten op persoonlijke groei, actief positief gedrag promoten en samenwerking en respect in je interacties aanmoedigen. Zoals in dit boek uiteengezet, gaat het niet alleen om het managen van anderen—het gaat om het herkennen van je eigen invloed op de werkcultuur en je toewijden aan het zijn van een kracht voor positieve verandering.

Op organisatorisch niveau vereist het ontgiften van de werksfeer voortdurende aandacht voor beleid, praktijken en leiderschapsgedrag. Bedrijven moeten hun werkcultuur continu evalueren, luisteren naar feedback van medewerkers, investeren in diversiteit en inclusie, en middelen bieden die het mentale en emotionele welzijn ondersteunen. Het vroegtijdig en systematisch aanpakken van toxisch gedrag, of het nu afkomstig is van collega's of het management, is cruciaal voor duurzame verandering op lange termijn.

Uiteindelijk is het handhaven van een gezonde werkomgeving een gedeelde verantwoordelijkheid. Het vereist voortdurende aandacht voor de dynamiek binnen de werkplek, het gedrag van individuen, en de algehele structuur en waarden van de organisatie. Wanneer iedereen samenwerkt om welzijn, inclusie en respect te prioriteren, resulteert dit in een productievere, betrokken en tevreden werkomgeving.

Laatste Gedachten over het Creëren van Duurzame Verandering

Het creëren van duurzame verandering op de werkvloer vergt toewijding en doorzettingsvermogen. De toxische gedragingen die werkomgevingen aantasten, verdwijnen niet van de ene op de andere dag, en het aanpakken ervan kan een uitdaging zijn. Echter, de beloningen van een gezonde, levendige werkplek—waar iedereen zich gewaardeerd en gemotiveerd voelt—zijn de moeite waard.

Mercedes E.O. Monden

Als je je professionele reis voortzet, houd dan de volgende principes in gedachten:

1. **Begin met Zelfbewustzijn:** Positieve verandering begint bij jezelf. Reflecteer continu op je eigen gedrag, herken gebieden voor verbetering en streef ernaar een leider te zijn in het bevorderen van respect, inclusie en transparantie.
2. **Empower Anderen:** Moedig je collega's en leiders aan om verantwoordelijkheid te nemen voor het creëren van een positieve werkomgeving. Of dit nu via mentorschap, teambuildingactiviteiten of open gesprekken over werkcultuur gebeurt, empower anderen om actie te ondernemen en een gezondere sfeer te ondersteunen.
3. **Bevorder Verantwoordelijkheid:** Houd jezelf en degenen om je heen verantwoordelijk voor het handhaven van een respectvolle en ondersteunende werkomgeving. Toxiciteit kan wortel schieten wanneer het onopgemerkt blijft, dus zorg ervoor dat verantwoordelijkheid en transparantie kernwaarden zijn in je werkplek.
4. **Omarm Continue Verbetering:** Het opbouwen van een gezonde werkplek is geen eenmalige inspanning; het vereist voortdurende verbetering. Blijf openstaan voor feedback, wees bereid je aan te passen en blijf toegewijd aan het leren hoe je een betere werkplek kunt creëren voor jezelf en je collega's.
5. **Zoek Afstemming met Waarden:** Of je nu begint aan een nieuwe baan of pleit voor veranderingen in je huidige rol, zorg ervoor dat je werk in lijn is met je persoonlijke en professionele waarden. Wanneer je waarden in harmonie zijn met je werkomgeving, zul je je waarschijnlijk meer vervuld, betrokken en gemotiveerd voelen.
6. **Richt je op Lange Termijn Succes:** Het opbouwen van een positieve werkplek is een investering op lange termijn. Het vereist geduld, doorzettingsvermogen en de bereidheid om je aan te passen naarmate er uitdagingen ontstaan. Door je te concentreren op het langetermijnsucces van

zowel individuen als de organisatie, leg je de basis voor duurzame, betekenisvolle verandering.

"Terwijl je verder gaat, onthoud dat een gezonde werkomgeving niet alleen gunstig is voor het individuele welzijn—het versterkt ook de samenwerking binnen het team, bevordert creativiteit en draagt uiteindelijk bij aan het succes van de hele organisatie. Door actief deel te nemen aan het creëren van een cultuur van positiviteit, respect en inclusie, kun je een blijvende impact maken op de werkplek en je professionele leven."

Laatste Woorden:

De weg naar een gezonder werkleven is niet altijd gemakkelijk, maar het is essentieel. Of je nu te maken hebt met toxiciteit, een positievere omgeving opbouwt of op zoek bent naar nieuwe kansen, de reis naar ontgifting vereist toewijding en moed. Met de tools, inzichten en strategieën die in dit boek zijn gedeeld, ben je uitgerust om de uitdagingen van toxiciteit op de werkvloer aan te gaan en een bloeiende, ondersteunende professionele omgeving te creëren, waar je ook gaat. Duurzame verandering begint met bewustwording, groeit met actie en wordt ondersteund door een cultuur die waarde hecht aan het welzijn van elk individu.

Neem deze lessen met je mee en onthoud: een gezonder werkleven is mogelijk, en jij hebt de kracht om het te realiseren.

BONUS READ

Dagelijkse Affirmaties voor Werkplek Genezing, Kracht, en Herstel van Persoonlijke & Professionele Identiteit

---

Werkplek Genezing Affirmaties

1. Ik laat alle negativiteit van mijn vorige werkervaringen los en open mezelf voor nieuwe, positieve kansen.
2. Ik verdien een werkplek die mij respecteert en waardeert voor mijn bijdragen.
3. Elke dag kies ik ervoor om te genezen van de toxische ervaringen die mij ooit tegenhielden.
4. Ik vergeef mezelf en anderen voor de veroorzaakte schade, en creëer ruimte voor vrede en groei.
5. Mijn werkomgeving wordt een plek van harmonie, respect en samenwerking.

Affirmaties voor Kracht

1. Ik ben sterk genoeg om elke uitdaging die op mijn pad komt te overwinnen.
2. Wat er ook gebeurt op het werk, ik blijf gegrond in mijn waarden en innerlijke kracht.
3. Elk obstakel dat ik tegenkom maakt mij sterker en veerkrachtiger.
4. Ik heb de kracht om positieve veranderingen te creëren, ongeacht de omstandigheden.
5. Mijn kracht wordt niet gedefinieerd door mijn verleden, maar door mijn vermogen om vandaag te herrijzen.

Herstel van Persoonlijke en Professionele Identiteit Affirmaties

1. Ik herover mijn professionele identiteit en ik ken mijn waarde.
2. Ik word niet gedefinieerd door mijn verleden, maar door mijn potentieel voor toekomstig succes.
3. Ik verdien het om mijn carrière met passie, doelgerichtheid en zelfvertrouwen na te streven.
4. Ik eer de unieke vaardigheden en talenten die ik bezit, en ik omarm mijn ware professionele identiteit.
5. Ik word de beste versie van mezelf, zowel persoonlijk als professioneel.

Deze affirmaties zijn bedoeld om dagelijks herhaald te worden en stimuleren reflectie, empowerment en genezing tijdens je professionele reis. Door deze affirmaties in je routine op te nemen, kun je een positieve mindset bevorderen die je helpt om te herstellen van vroegere uitdagingen en met zelfvertrouwen en helderheid vooruit te gaan.

OVER DIT BOEK

Detoxificatie Giftige Werkomgeving

D etoxificatie: Giftige Werkomgeving is een praktisch en krachtig boek dat is ontworpen om individuen te helpen giftige werkomgevingen te identificeren, te navigeren en te overwinnen. Of je nu te maken hebt met een moeilijke manager, giftige collega's, of een cultuur van discriminatie en intimidatie, dit boek biedt de tools die je nodig hebt om de controle over je professionele leven en welzijn terug te krijgen.

In de huidige snelle en zeer competitieve werkcultuur is het gemakkelijk om over het hoofd te zien hoe aanhoudende stress, pesterijen en giftige dynamieken een zware tol kunnen eisen op onze mentale en emotionele gezondheid. Veel werknemers bevinden zich in situaties waarin ze zich machteloos, ongehoord en onzeker voelen over hoe ze met de giftige gedragingen die ze dagelijks tegenkomen om moeten gaan. Dit boek is geschreven om steun, begeleiding en concrete stappen te bieden om jezelf te bevrijden uit zulke omgevingen.

In dit boek leer je:

a. Hoe je subtiele en duidelijke tekenen van een giftige werkplek herkent.

b. Hoe giftige managers en collega's de werkomgeving beïnvloeden.
c. Hoe je kunt reflecteren op persoonlijke gedragingen die kunnen bijdragen aan een negatieve werkcultuur.
d. Strategieën ontdekken om je mentale gezondheid te beschermen in giftige omgevingen.
e. Praktische oplossingen verkennen om giftige werkomgevingen te beheren en, indien nodig, te ontvluchten.
f. Inzicht krijgen in je wettelijke rechten en bescherming tegen pesterijen, discriminatie of intimidatie op de werkvloer.
g. Het psychologische effect van gaslighting begrijpen en hoe je je ertegen kunt verweren op de werkplek.
h. Veerkracht opbouwen en een routekaart ontwikkelen voor herstel en vooruitgang na het verlaten van een giftige werkplek.

Dit boek gaat niet alleen over het identificeren van problemen; het gaat om het vinden van oplossingen. Het geeft lezers de kracht om in actie te komen, zichzelf verantwoordelijk te houden waar nodig, en te streven naar persoonlijke groei terwijl ze zich verzetten tegen schadelijke werkculturen. Elk hoofdstuk biedt inzichten, voorbeelden uit het echte leven en tools om je te helpen weloverwogen beslissingen te nemen over hoe je omgaat met en giftige werkplekken overwint.

Of je nu op dit moment te maken hebt met een giftige werkplek of gezondere werkgewoonten en omgevingen wilt creëren, *Detoxificatie: Giftige Werkomgeving* biedt de begeleiding die je nodig hebt om te gedijen.

Appendix

Deze appendix is ontworpen om aanvullende bronnen, referenties en hulpmiddelen te bieden die de hoofdinhoud van *Detoxificatie: Toxische Werkplek* aanvullen. De materialen hier helpen je verder te verkennen wat in het boek is behandeld en bieden begeleiding voor praktische toepassing.

A. Zelfreflectie en Persoonlijke Verantwoordelijkheid

a. **Zelfbeoordelingshulpmiddelen:** Een checklist van toxische gedragingen om te identificeren of je onbewust bijdraagt aan toxisch gedrag op de werkvloer.
b. **Dagboekvragen:** Vragen die je helpen om na te denken over je werkervaringen en je rol in het bevorderen van een gezonde werkcultuur.
c. **Groei-Mindset Oefeninge:** Praktische oefeningen om te verschuiven van defensief gedrag naar openheid en persoonlijke ontwikkeling te omarmen.

Detoxification: Toxic Work Atmosphere

B. Ondersteuning voor Geestelijke Gezondheid en Welzijn

a. **Organisaties voor Geestelijke Gezondheid:** Een lijst van organisaties die begeleiding, ondersteuning en advies bieden bij stress, angst en burn-out gerelateerd aan het werk, waaronder:
   - Mind (VK)
   - Mental Health America
   - Wereldgezondheidsorganisatie – Geestelijke Gezondheidsbronnen
b. **Therapie- en Begeleidingsplatforms:** Online platforms die therapiediensten aanbieden, waaronder opties voor afstandstherapie of werkplek-specifieke begeleiding.

C. Juridische Rechten en Werkplek Bescherming

a. **Belangrijke Juridische Kaders:** Een samenvatting van werkplekbescherming volgens:
   - De EU Arbeidsrichtlijn
   - De Civil Rights Act (VS)
   - De Equality Act (VK)**
b. **Stappen om een Formele Klacht In te Dienen:** Een handleiding over hoe je discriminatie, pesten of intimidatie op de werkvloer kunt documenteren, en de stappen die je moet nemen bij het indienen van een klacht bij HR of relevante juridische instanties.
c. **Bronnen voor Juridische Hulp:** Organisaties die juridische bijstand bieden bij gevallen van intimidatie en discriminatie op de werkplek.

D. Conflictoplossing en Communicatiehulpmiddelen

a. **Effectieve Communicatietechnieken:** Een gids voor assertieve maar respectvolle communicatiestrategieën om conflicten op de werkplek op te lossen en spanningen te verminderen.
b. **Voorbeeldscripts voor Moeilijke Gesprekken:** Sjablonen om je te helpen bij het voeren van moeilijke gesprekken met managers, HR of collega's over toxisch gedrag.
c. **De-escalatietechnieken:** Methoden om spanning te verminderen tijdens confrontaties op de werkplek of bij het aanpakken van toxische situaties.

E. Affirmaties en Dagelijkse Oefeningen

a. **Affirmaties voor Werkplek Genezing en Kracht:** Een verzameling affirmaties uit de bonussectie, samen met extra affirmaties voor empowerment, veerkracht en groei in zowel persoonlijke als professionele omgevingen.
b. **Dagelijkse Praktijken voor Welzijn:** Voorgestelde routines die mentale helderheid en emotioneel welzijn bevorderen, waaronder mindfulness-oefeningen en technieken voor stressmanagement.

F. Aanbevolen Lectuur

a. Boeken over Werkcultuur:

a. The No Asshole Rule door Robert Sutton
b. Radical Candor door Kim Scott
c. Dare to Lead door Brené Brown

b. Geestelijke Gezondheid en Veerkracht:

 a. The Body Keeps the Score door Bessel van der Kolk
 b. Option door Sheryl Sandberg

c. Juridische Rechten op de Werkvloer:

- Workplace Harassment Law door Christine Jolls

G. Contactinformatie voor Ondersteuning

a. **Employee Assistance Programs (EAPs):** Hoe je toegang kunt krijgen tot het EAP van je bedrijf, dat mogelijk gratis en vertrouwelijke counseling en ondersteuning biedt bij het omgaan met toxische werkomgevingen.

b. **Hulplijnen:**

 a. National Bullying Helpline (VK)
 b. EEOC (VS) Hulplijn
 c. Europees Agentschap voor Veiligheid en Gezondheid op het Werk Contactinformatie

Eindnoten

De volgende eindnoten bieden verwijzingen, aanvullende context en verdere literatuur die verband houden met de onderwerpen in *Detoxificatie: Toxische Werkplek*. Deze notities zijn bedoeld om lezers dieper te laten ingaan op specifieke onderwerpen en transparantie te bieden met betrekking tot de informatie en bronnen die in het boek worden aangehaald.

Hoofdstuk 1: Begrip van Toxische Werkomgevingen

- Voor meer informatie over toxische werkculturen en hun invloed op productiviteit, zie "The Cost of Toxic Workplaces" door Dr. Christine Porath, Harvard Business Review, 2016.

Hoofdstuk 2: De Toxische Manager

- De term "micromanagement" en de negatieve effecten ervan op het moreel van werknemers worden uitgebreid besproken in Robert Sutton's The No Asshole Rule, waarin gedrag wordt uitgelegd dat bijdraagt aan een toxische managementstijl.

Hoofdstuk 3: Herkenning van Toxische Collega's

- Onderzoek naar toxisch gedrag op de werkplek en hun impact op teamdynamiek is te vinden in Radical Candor door Kim Scott, waarin wordt besproken hoe eerlijke, directe communicatie toxiciteit op de werkvloer kan verminderen.

Hoofdstuk 4: Draag Je Bij aan Toxisch Gedrag op de Werkplek?

- Voor een diepere blik op zelfreflectie en persoonlijke verantwoordelijkheid op de werkvloer, raadpleeg Mindset: The New Psychology of Success door Carol Dweck, waarin wordt uitgelegd hoe een groeimindset kan helpen toxisch gedrag te verminderen.

Hoofdstuk 5: De Impact van Werkplektoxiciteit op de Geestelijke Gezondheid

- De verbinding tussen werkstress en geestelijke gezondheid wordt uitgebreid behandeld in The Body Keeps the Score door Bessel van der Kolk, waarin wordt belicht hoe chronische stress emotioneel welzijn beïnvloedt.

Hoofdstuk 6: Breken met een Toxische Werkomgeving

- Technieken voor het verlaten van toxische werksituaties en de overgang naar gezondere werkplekken worden besproken in *Option B* door Sheryl Sandberg, waarin veerkracht in moeilijke omgevingen centraal staat.

Mercedes E.O. Monden

Hoofdstuk 7: Juridische Rechten en Bescherming op de Werkvloer

a. De richtlijnen van de Europese Unie met betrekking tot arbeidsrechten en bescherming zijn te vinden in de EU Arbeidsrichtlijn. Voor specifieke jurisprudentie en voorbeelden, raadpleeg de officiële EU-website voor arbeidszaken.
b. In de VS bieden de Title VII van de Civil Rights Act en de richtlijnen van de Equal Employment Opportunity Commission (EEOC)** het kader voor het aanpakken van discriminatie en intimidatie op de werkplek.

Hoofdstuk 8: Discriminatie op de Werkvloer Aanpakken

- De Equal Employment Opportunity Commission (EEOC) biedt gedetailleerde bronnen over hoe om te gaan met discriminatie op de werkvloer in de VS. Bezoek hun officiële website voor meer informatie: www.eeoc.gov.

Hoofdstuk 9: Racisme op de Werkvloer Bestrijden

- Het aanhoudende probleem van raciale discriminatie wordt gedocumenteerd in meerdere rapporten van het Europees Agentschap voor Grondrechten en de EEOC. Raadpleeg hun websites voor relevante gegevens en casestudy's.

Hoofdstuk 10: Voor- en Nadelen van het Aankaarten van Werkplektoxiciteit

- De mogelijke risico's en voordelen van klokkenluiden worden onderzocht in Whistleblowers: Broken Lives and Organizational Power door C. Fred Alford, dat inzicht biedt in de uitdagingen waarmee klokkenluiders worden geconfronteerd in toxische omgevingen.

Hoofdstuk 11: Herstellen na een Toxische Werkplek

- Voor meer begeleiding over mentaal en emotioneel herstel na het verlaten van een toxische omgeving, zie de middelen van het National Institute for Mental Health over werkstress en geestelijk welzijn.

Hoofdstuk 12: Voorkomen van Werkplektoxiciteit

- Dare to Lead door Brené Brown biedt uitstekende inzichten in leiderschapsstijlen die helpen toxiciteit te voorkomen en een gezonde, open werkcultuur bevorderen. Brown's werk over kwetsbaarheid en moedig leiderschap sluit aan bij de aanbevelingen in dit hoofdstuk.

Bonussectie: Affirmaties voor Genezing en Groei

- Voor aanvullende dagelijkse affirmaties en technieken voor persoonlijke groei, overweeg het lezen van You Are a Badass door Jen Sincero, dat oefeningen bevat voor zelfbekrachtiging en veerkracht in uitdagende omgevingen.

Over de Auteur

———··—•—··———

Mercedes E.O. Monden is een succesvolle leider, pastor, auteur en pleitbezorger voor persoonlijke en professionele groei. Met een passie voor het bekrachtigen van individuen om hun goddelijke doel te vervullen, heeft Mercedes haar leven gewijd aan het begeleiden van anderen door spirituele en professionele uitdagingen, en hen te helpen tegenslagen te overwinnen en hun ware potentieel te realiseren.

Als oprichter van Breath of Holies Worldwide Outreach Ministries en Senior Pastor van Royal Crown Church, heeft Mercedes het leven van velen geraakt door haar op geloof gebaseerde initiatieven, gemeenschapsprogramma's en wereldwijde empowermentconferenties. Ze leidt verschillende invloedrijke bewegingen, waaronder Mercedes Monden Ministries, de Global Business Convention en de Pursuit of Divine Purpose Empowerment Conferences, die individuen inspireren om de uitdagingen van het leven te overwinnen en kracht te vinden in hun geloof en doel.

Mercedes is ook de initiator van de National Prayer Chain Movement in Nederland, een spirituele beweging die gericht is op collectief gebed en transformatie op nationale schaal. Haar inzet voor spirituele en emotionele genezing komt naar voren in haar werk, waar ze voortdurend begeleiding en steun biedt aan degenen die uitdagingen ervaren in hun persoonlijke en professionele leven.

Detoxification: Toxic Work Atmosphere

Als pleitbezorger voor gezonde en positieve werkomgevingen brengt Mercedes haar uitgebreide ervaring naar voren in haar geschriften. Ze is auteur van meerdere boeken, waaronder Understanding Cultural Difference, Wealth Creation Prosperity, Fulfilling God's Purpose for Your Life Against All Odds en **Detoxification: Toxic Work Atmosphere**. Haar werk, met name op het gebied van werkplektoxiciteit, is gericht op het versterken van werknemers om schadelijke werkomgevingen te herkennen, aan te pakken en te doorbreken, terwijl ze hun mentale en emotionele welzijn beschermen.

Mercedes' leiderschap reikt verder dan de bediening, aangezien ze blijft pleiten voor verandering in het aanpakken van toxische werkomgevingen. Door haar lessen, boeken en conferenties voorziet ze individuen van de instrumenten die ze nodig hebben om toxische relaties te overwinnen, professioneel te gedijen en een sterk gevoel van doelgerichtheid te behouden. Met haar schat aan ervaring en wijsheid blijft Mercedes Monden een leidende kracht voor degenen die op zoek zijn naar spirituele en professionele detoxificatie, genezing en groei.

www.ingramcontent.com/pod-product-compliance
Lightning Source LLC
Chambersburg PA
CBHW071746240526
45471CB00022B/587